Michel Houyoux

Rencontre avec la Parole de Vie

Michel Houyoux

Rencontre avec la Parole de Vie

Année C : Parole de Dieu

Éditions Croix du Salut

Mentions légales / Imprint (applicable pour l'Allemagne seulement / only for Germany)
Information bibliographique publiée par la Deutsche Nationalbibliothek: La Deutsche Nationalbibliothek inscrit cette publication à la Deutsche Nationalbibliografie; des données bibliographiques détaillées sont disponibles sur internet à l'adresse http://dnb.d-nb.de.

Toutes marques et noms de produits mentionnés dans ce livre demeurent sous la protection des marques, des marques déposées et des brevets, et sont des marques ou des marques déposées de leurs détenteurs respectifs. L'utilisation des marques, noms de produits, noms communs, noms commerciaux, descriptions de produits, etc, même sans qu'ils soient mentionnés de façon particulière dans ce livre ne signifie en aucune façon que ces noms peuvent être utilisés sans restriction à l'égard de la législation pour la protection des marques et des marques déposées et pourraient donc être utilisés par quiconque.

Photo de la couverture: www.ingimage.com

Editeur: Éditions Croix du Salut est une marque déposée de
Südwestdeutscher Verlag für Hochschulschriften GmbH & Co. KG
Heinrich-Böcking-Str. 6-8, 66121 Sarrebruck, Allemagne
Téléphone +49 681 37 20 271-1, Fax +49 681 37 20 271-0
Email: info@editions-croix.com

Produit en Allemagne:
Schaltungsdienst Lange o.H.G., Berlin
Books on Demand GmbH, Norderstedt
Reha GmbH, Saarbrücken
Amazon Distribution GmbH, Leipzig
ISBN: 978-3-8416-9800-1

Imprint (only for USA, GB)
Bibliographic information published by the Deutsche Nationalbibliothek: The Deutsche Nationalbibliothek lists this publication in the Deutsche Nationalbibliografie; detailed bibliographic data are available in the Internet at http://dnb.d-nb.de.

Any brand names and product names mentioned in this book are subject to trademark, brand or patent protection and are trademarks or registered trademarks of their respective holders. The use of brand names, product names, common names, trade names, product descriptions etc. even without a particular marking in this works is in no way to be construed to mean that such names may be regarded as unrestricted in respect of trademark and brand protection legislation and could thus be used by anyone.

Cover image: www.ingimage.com

Publisher: Éditions Croix du Salut is an imprint of the publishing house
Südwestdeutscher Verlag für Hochschulschriften GmbH & Co. KG
Heinrich-Böcking-Str. 6-8, 66121 Saarbrücken, Germany
Phone +49 681 37 20 271-1, Fax +49 681 37 20 271-0
Email: info@editions-croix.com

Printed in the U.S.A.
Printed in the U.K. by (see last page)
ISBN: 978-3-8416-9800-1

Copyright © 2012 by the author and Südwestdeutscher Verlag für Hochschulschriften GmbH & Co. KG and licensors
All rights reserved. Saarbrücken 2012

MICHEL HOUYOUX
Diacre permanent

RENCONTRE
avec la
PAROLE DE VIE

Parole de Dieu

" Elle est vivante, efficace la Parole de Dieu."

He 4,12

Découvrons la Parole de Vie avec Luc et Jean

Année C

Préface

Sollicité par la maison d'éditions "Croix du Salut" à Sarrebruck, Michel, ordonné diacre permanent en l'église saint Hubert à Bièvre (Belgique), le 19 octobre 2003 des mains de Monseigneur André-Mutien Léonard, vous livre ses homélies.

À maintes reprises, il fut invité, à des occasions diverses en Belgique et à l'étranger à les prononcer.

Cet ouvrage est le fruit de neuf années de recherches, de réflexion, d'observation, d'écoute, de partage de l'Évangile et de la vie de tous les jours de chacun.

La générosité qui anime Michel, permettant à tous, de puiser dans ses textes, les richesses pour une vie meilleure et un apostolat sensible au cœur de tous.

Son épouse, son indéfectible soutien
Arlette Divoy

TABLE DES MATIERES

Préface..3
TABLE DES MATIERES..5
Avant propos..9
Premier dimanche de l'Avent..11
    Veillez et priez !..11
Deuxième dimanche de l'Avent..13
    Préparez le chemin du Seigneur..13
Troisième dimanche de l'Avent..15
    Que devons-nous faire ?..15
    Catéchèse en famille..16
Quatrième dimanche de l'Avent..18
    Dieu vient nous visiter..18
Catéchèse familiale..19
Temps de Noël..21
    Noël- Messe du jour..21
    Dieu parmi nous, Dieu chez nous...21
La Sainte Famille..23
    Nous sommes tous enfants de Dieu..23
Baptême du Seigneur..26
Premier dimanche du carême..28
    Marchons vers Pâques..28
Catéchèse en famille..29
Deuxième dimanche du carême...31
    Confiance et fidélité..31
Troisième dimanche du carême...33
    La patience de Dieu..33
Catéchèse en famille..34
Quatrième dimanche du carême..36
    Est-ce ainsi que nous nous représentons Dieu ?.............................36
Cinquième dimanche du carême..38
    La femme adultère..38
Catéchèse en famille..39
Dimanche des rameaux et de la passion..41
Dimanche de Pâques..42
    Homélie pour le jour de Pâques..42

Deuxième dimanche de Pâques	*44*
La miséricorde divine	44
Troisième dimanche de Pâques	*46*
Suis-moi !	46
Quatrième dimanche de Pâques	*48*
Cinquième dimanche de Pâques	*50*
Je vous donne un commandement nouveau	50
Sixième dimanche de Pâques	*52*
Si quelqu'un m'aime, il restera fidèle à ma parole	52
Ascension du Seigneur	*53*
Vous en êtes témoins	53
Septième dimanche de Pâques	*55*
Être un en Dieu	55
Solennité de la Pentecôte	*57*
Il vous fera comprendre tout ce que je vous ai dit	57
La Sainte Trinité	*59*
Bien-aimés de Dieu, Trinité d'amour	59
Fête du Saint Sacrement	*61*
Le Saint Sacrement du Corps et du Sang du Christ	61
Deuxième dimanche du temps ordinaire	*64*
Faites tout ce qu'il vous dira	64
Troisième dimanche du temps ordinaire	*66*
Quatrième dimanche du temps ordinaire	*69*
La liberté de Jésus	69
Cinquième dimanche du temps ordinaire	*71*
Purifie-moi et envoie-moi	71
Catéchèse en famille	73
Sixième dimanche du temps ordinaire	*75*
Êtes-vous vraiment heureux ?	75
Septième dimanche du temps ordinaire	*78*
Soyez miséricordieux !	78
Onzième dimanche du temps ordinaire	*81*
La miséricorde de Dieu	81
Douzième dimanche du temps ordinaire	*83*
Pour vous, qui est Jésus Christ ?	83
Prions et méditons	84
Être disciple du Christ	84
Treizième du temps ordinaire	*85*

Suivre le Christ 85
Quatorzième dimanche du temps ordinaire *87*
Témoins du Christ 87
Quinzième dimanche du temps ordinaire *90*
Qui est mon prochain ? 90
Réflexion et méditation *92*
Seizième dimanche du temps ordinaire *93*
Dieu s'invite. Comment l'accueillerons-nous ? 93
Catéchèse en famille 94
Dix-septième dimanche du temps ordinaire *96*
Seigneur, apprends-moi à prier 96
Catéchèse en famille 97
Dix-huitième dimanche du temps ordinaire *99*
Ne vous trompez pas de but ! 99
Dix-neuvième dimanche du temps ordinaire *102*
N'ayez pas peur petit troupeau ! 102
Vingtième dimanche du temps ordinaire *104*
Je suis venu apporter un feu sur la terre 104
Vingt-et-unième dimanche du temps ordinaire *106*
Seigneur n'y aurait-il que peu de gens à être sauvés ? 106
Avez-vous du mal à croire ? *107*
Vingt-deuxième dimanche du temps ordinaire *108*
L'humilité est une qualité divine 108
Réflexion et méditation *109*
Vingt-troisième dimanche du temps ordinaire *111*
Qui peut comprendre les volontés du Seigneur ? 111
Conditions pour devenir disciple du Christ *113*
Vingt-quatrième dimanche du temps ordinaire *115*
La miséricorde de Dieu 115
Vingt-cinquième dimanche du temps ordinaire *117*
Voulez-vous un exemple concret de conversion à faire ? *119*
Vingt-sixième dimanche du temps ordinaire *120*
Renversement de situation 120
Vingt-septième dimanche du temps ordinaire *122*
Seigneur, augmente en nous la foi ! 122
Vingt-huitième dimanche du temps ordinaire *124*
Savoir dire merci à Dieu 124
Va, ta foi t'a sauvé 126

Vingt-neuvième dimanche du temps ordinaire *127*
    Il faut prier sans cesse sans se décourager *127*
Trentième dimanche du temps ordinaire *129*
    Dieu seul peut justifier ! *129*
Trente-et-unième dimanche du temps ordinaire *131*
    Laisse-toi regarder par le Christ *131*
Trente-deuxième dimanche du temps ordinaire *133*
Trente-troisième dimanche du temps ordinaire *135*
    Vivre l'aujourd'hui *135*
    Jésus invite à la reconnaissance et au témoignage *136*
Trente-quatrième dimanche du temps ordinaire *138*
    Le CHRIST, ROI DE L'UNIVERS *138*
Rencontrer la Parole de Vie par la prière *140*
Origine de la prière à Marie *142*
Prière communautaire du Chapelet *144*
Prière et spiritualité *148*
Pour aller plus loin… *150*
    Catéchèse *150*
    Liturgie *150*
    Outils d'étude biblique *150*
    Homélies *150*
Remerciements *151*

Avant propos

Dans l'Église catholique romaine l'année liturgique commence chaque année dans la deuxième quinzaine du mois de novembre. L'année liturgique est divisée en cinq sections de durée variable : le temps de l'Avent, le temps de Noël commençant le 24 décembre et se terminant par la fête du Baptême de Jésus, le temps du Carême s'ouvrant avec le mercredi des cendres et se terminant le samedi saint à midi, le temps de Pâques et le temps ordinaire de l'Église commençant le premier dimanche après la fête du baptême de Jésus et se terminant avec la fête du Christ Roi de l'Univers.

Pâques étant une fête mobile, il y a cinq à neuf dimanches ordinaires entre la fête du Baptême de Jésus et le Mercredi des cendres, premier jour du Carême.

Les textes présentés dans cet ouvrage sont répartis en deux sections. La première rassemble mes homélies pour la messe du dimanche, classées selon le temps liturgique pour lequel elles se rapportent. Elles sont introduites par un billet de mise en condition et sont souvent accompagnées de quelques conseils pour la semaine ou d'un point de catéchèse. C'est avec Luc que nous partons à la rencontre de la Parole de Vie.

La deuxième section vous propose quelques conseils pour rencontrer la Parole de Vie par la prière. Elle donne quelques liens intéressants parmi tant d'autres sur ce sujet. Enfin pour conclure, je vous propose quelques liens pour aller plus loin.

Le référencement des textes bibliques utilisés dans la liturgie dominicale vous permettra de bien saisir la finesse du message avec votre Bible à portée de la main. Si vous n'avez pas de Bible, je vous conseille de consulter en ligne : "AELF – Le site officiel de la traduction française de la liturgie " (http://www.aelf.org) Ce lien vous sera très utile.

Quant à la disposition des lectures au cours de la messe du dimanche et des fêtes, le calendrier liturgique suit un cycle de trois ans, ce qui permet de parcourir les Évangiles synoptiques.

Dans le premier livre : " Rencontre avec la Parole de vie - Esprit et Vie ", vous sont proposées mes homélies pour la messe du dimanche de l'année A et dans sa seconde section, quelques-unes de mes homélies que je prononçai en d'autres circonstances. Mathieu et Jean seront notre référence pour découvrir et méditer cette Parole de vie.

Dans le deuxième livre : " Rencontre avec la Parole de vie - Source d'Amour " vous sont proposées mes homélies pour la messe du dimanche de l'année B et sa deuxième section présente quelques pistes pour des rassemblements communautaires, à vivre en secteur pastoral au temps de l'Avent et au temps du Carême. Mais aussi des informations générales sur le diaconat permanent

Marc et Jean seront notre référence pour découvrir et méditer cette Parole de vie.

Dans la première section de ce livre, je vous présente mes homélies prononcées au cours d'années C et dans sa seconde section, il sera question de comment rencontrer la Parole de Vie par la prière.
Recevez cher lecteur, chère lectrice mes salutations amicales et fraternelles.

☦   Michel Houyoux, diacre permanent

Premier dimanche de l'Avent

Mise en condition

En ce premier dimanche d'une nouvelle année liturgique la Parole de Dieu nous alerte, nous réveille, nous incite à nous tenir sur nos gardes : " *Restez éveillés et priez en tout temps.* " (*Lc 21,26*)

Voici avec l'Avent, le temps de la vigilance, pour accueillir dignement Jésus, notre Seigneur. Il est important de bien prendre, tous ensemble, un bon départ au seuil de cette nouvelle année liturgique. Ce temps de l'Avent est propice à de bonnes résolutions. Dans la deuxième lecture, saint Paul nous demande de tout faire pour plaire à Dieu. S'il insiste pour que nous fassions des progrès, c'est pour attirer notre attention sur ce temps de l'Avent.

Vivre un amour plus intense à l'égard de Dieu, c'est par exemple être plus réceptif à sa Parole chaque jour ; passer un peu plus de temps à la prière pour lui exprimer notre amour et notre reconnaissance. Plaire à Dieu, c'est peut-être préparer Noël autrement, en osant parler de lui, là où nous sommes, à nos enfants et aussi dans notre entourage...

Références dans la Bible : Jr 33, 14-16 ; Ps 24 ; Th 3, 12-4,2 ; Lc 21, 25-36

Veillez et priez !

" Veillez, car vous ne savez ni le jour ni l'heure ! " Nous savons qu'il y aura un jour et une heure pour la venue du Christ. Nous savons qu'il vient nous sauver celui que nous attendons. Seulement nous ne savons pas quand cela arrivera. Avent signifie que le Seigneur vient. Ce temps préparatoire à la fête de Noël, nous est donné pour que nous nous éveillions à la prévenance de Dieu. Veillons et prions, à l'invitation de saint Paul, pour que nos cœurs soient affermis en sainteté devant Dieu.

Toutes les lectures de ce dimanche, nous rappellent un message absolument essentiel que nous risquons fort d'oublier : **Noël ce n'est pas seulement l'anniversaire de la naissance de Jésus.** C'est important d'y penser bien sûr. En fêtant Noël, nous nous rappelons qu'il est venu dans notre histoire. et qu'il nous a indiqué la route à suivre pour être heureux. **Noël c'est aussi l'inauguration des temps nouveaux.** Jésus est aussi celui qui reviendra dans les nuées du ciel avec grande puissance et grande gloire. *(Lc 21, 27).*

En préparant Noël, pensons surtout à l'événement majeur qui marquera la fin des temps. Il est urgent pour nous de retrouver le vrai sens de cette fête. La publicité commerciale ambiante risque fort de nous en détourner. Le temps de l'Avent c'est celui de la venue du Christ. Cette période nous rappelle que **nous attendons l'avènement définitif du Royaume de Dieu.**

Les apocalypses nous décrivent cette fin du monde avec des images terrifiantes. En fait l'intention de saint Luc dans cette page d'évangile, n'est pas de nous faire peur mais **d'encourager nos communautés chrétiennes à tenir bon** : le mal n'aura jamais le dernier mot. La souffrance, les soucis de la vie, la peur de l'avenir peuvent nous écraser. Mais, le message du Christ est là pour nous encourager : " ***Relevez la tête !*** " *(Lc 21, 28a)*. Les signes de la présence de Jésus sont là. À nous de savoir les reconnaître avec le regard de la foi.

C'est vrai que la vie est dure pour beaucoup de gens. Mais le message du Christ est clair et il vaut pour nous tous. " ***Redressez-vous !*** " *(Lc 21, 28b)* nous dit Jésus. L'espérance n'est possible que pour les personnes qui se tiennent debout, celles qui sont vraiment prêtes à se mettre en route pour bâtir avec Dieu un meilleur. avenir.

" ***Priez en tout temps !*** " *(Lc 21, 36)* L'espérance n'est possible que pour les gens qui entrent en relation avec Dieu. Avec lui, il n'y a jamais de situation désespérée. Il est toujours capable de venir nous chercher très loin et très bas. La prière est pour nous un moyen d'accueillir ce Salut que Dieu ne cesse d'offrir à tous.

Ce temps de l'Avent nous donne l'occasion d'un véritable retournement. Aujourd'hui, Jésus nous montre ce qui paralyse nos élans : la débauche, l'ivrognerie, les soucis de la vie. *(Lc 21,34)* Nous sommes le peuple de Dieu en marche, un peuple de frères et de sœurs qui peuvent tomber et trébucher.

Le Seigneur est là avec nous et il ne cesse de nous tendre la main. Il nous invite à nous relever et à avancer avec lui. Noël nous rappellera qu'il est la Lumière des nations. À nous de l'accueillir et de nous laisser guider par lui.

Ces semaines du temps de l'Avent, nous invitent à **remettre le Christ à la première place dans notre vie.** Accueillons de tout notre cœur celui qui vient nous éveiller à l'amour qui sauve le monde.

homélie prononcée en l'église de Naomé ke 29 novembre 2003

Deuxième dimanche de l'Avent

Mise en condition

Ce temps de l'Avent nous invite à l'espérance : voici que va venir Celui qui nous sauvera. Il nous apportera la vraie charité et nous fera devenir des hommes au sens chrétien du mot.

Il y a quelque 2000 ans que Jean-Baptiste criait dans le désert : *" Préparez le chemin du Seigneur, rendez droits ses sentiers. "* Ce message, déjà exprimé au livre d'Isaïe, s'adresse à nous tous. Il nous faut préparer le chemin du Seigneur ; il s'agit de nous tourner vers Jésus, le Christ et de marcher à sa suite. C'est cela la conversion que nous avons à faire.
Préparer le chemin du Seigneur, aplanir sa route dans notre entourage : c'est un pardon à donner, une injustice à réparer, quelques services à assurer bénévolement…

Références dans la Bible : Ba 5, 1-9 ; Ps 125 ; Ph 1,4-6, 8-11 ; Lc 3, 1-6

Préparez le chemin du Seigneur

Jean- Baptiste se tenait à Betharaba. (1) C'est là qu'il prêchait et ce qu'il avait à dire, il le disait d'une manière rude et forte, en termes parfois violents. Cette voix qui criait dans le désert a converti beaucoup de gens. Écoutons-la aujourd'hui.

(1) un gué, sur le Jourdain à quelques kilomètres de son embouchure dans la Mer Morte. Là se faisaient tous les passages de troupeaux, de marchands et de voyageurs qui désiraient se rendre d'une rive à l'autre.

" Préparez le chemin du Seigneur, rendez droits ses sentiers. Tous les ravins seront comblés, toutes les montagnes et collines seront abaissés ; les passages sinueux seront redressés, les routes déformées seront aplaties ; et tout homme verra le Salut de Dieu. " (Lc 3, 1-6). Nous savons combien d'énergie dépensée et d'efforts sont nécessaires pour mener à bien la construction d'une route. Nous savons aussi que pour notre sécurité, les routes doivent être régulièrement entretenues, réparées ou rénovées. Préparer le chemin du Seigneur et aplanir sa route est une opération bien plus importante encore car elle nous concerne directement.

" Préparez le chemin du Seigneur " : ce cri a retenti trois fois dans l'histoire du Salut.
1. La première fois, c'était avec Isaïe pour la libération du peuple d'Israël qui a été déporté à Babylone.
2. La deuxième fois, avec Jean- Baptiste qui annonçait la venue du Seigneur dans notre histoire.
3. La troisième fois, c'est aujourd'hui, c'est à nous que l'Église adresse cette invitation

Préparez le chemin du Seigneur, pour qu'il vienne dans nos cœurs et dans le cœur de tous. Pendant ce temps de l'Avent ouvrons bien grandes nos oreilles et surtout notre cœur pour accueillir la Parole de Dieu car son message s'adresse à tous les hommes, toutes les femmes, pour les sauver tous.

Bien des obstacles s'opposent dans notre vie à l'accueil de l'Évangile : les rugosités de notre caractère, les déviations de notre foi, les fossés d'incompréhension entre nous, nos préjugés, notre indifférence aux autres, notre manque de générosité, la faiblesse de notre charité, notre façon de vivre trop axée sur les biens matériels et l'argent.

Préparez le chemin du Seigneur : cette parole est pour nous une exhortation à un véritable renouvellement de vie. Frères et sœurs, en cette deuxième semaine de l'Avent, laissons-nous nous toucher par cet appel de Jean pour nous remettre en question, redresser nos mauvais penchants et pour changer de cap. Que de trous, de ravins ou même d'abîmes sont à combler en nous !

Le rôle de l'Avent est de tracer bien droit le chemin par lequel le Seigneur viendra dans notre cœur. Si nous n'avons encore rien entrepris de tout cela, depuis le début de cet Avent, il serait urgent de nous demander : voulons-nous vraiment que le Christ vienne en nous ? Le désirons-nous de tout notre cœur ?

Pendant ces quelques jours qui nous séparent de Noël, mettons de l'ordre dans notre cœur. Débarrassons-le de tout ce qui l'encombre, plus nous le viderons et plus le Seigneur pourra le combler. Invitons-le, à venir chez nous, redisons-lui ce cri de l'Avent : " Viens, Seigneur Jésus, viens, ne tarde plus. "

Á Noël il nous dira alors ces paroles de l'Apocalypse : " *Voici que je me tiens à la porte et je frappe. Si tu entends ma voix et ouvres ta porte, j'entrerai chez toi pour souper comme avec un ami, moi près de toi et toi près de moi.* " *(Ap 3, 20)* Lui ouvrirons-nous alors la porte ?

Troisième dimanche de l'Avent

Mise en condition

Ce dimanche, nous serons invités à la joie ! " Pousse des cris de joie ", dit le prophète. " Jubilez, crier de joie ", chante le psaume. " Soyez dans la joie " *(deuxième lecture)* écrit Paul aux Philippiens. Cette joie est motivée par la venue du Seigneur. Ces textes préparent à la lecture de l'Évangile où Jean-Baptiste annonce la venue de Jésus : " *Il vient Celui qui est plus puissant que moi.* ". *(Lc 3, 16)* La liturgie de ce troisième dimanche de l'Avent nous révèle un Dieu qui n'est pas triste. Il est même question d'un Dieu qui chante. *(première lecture).* Dieu nous destine à la joie éternelle. Mettons totalement notre confiance en Lui, car " Il vient " le Seigneur, il vient pour notre salut. N'ayons donc plus de crainte *(cantique d'Isaïe).*

Références dans la Bible : So 3,14-18a ; Isaïe 12,2.4-6 ; Ph 4,4-7 ; Lc 3,10-18.

Que devons-nous faire ?

Des foules viennent se faire baptiser par Jean-Baptiste. Parmi elles, il y avait des collecteurs d'impôts, des soldats, des gens qui avaient beaucoup de choses à se reprocher mais ces personnes veulent se convertir. Les uns et les autres posent la même question : que devons-nous faire ? La réponse est directe. Elle rejoint chacun de nous dans sa vie : n'exigez rien de plus que ce qui vous est fixé. Ne faites ni violence ni tort à personne. Partagez !

Nous aussi, nous devons poser à Dieu la courageuse question : que dois-je faire Seigneur pour venir à ta rencontre et marcher avec toi ?
Nous ne pouvons vraiment pas nous approcher du Seigneur si nous extorquons les autres, ni si nous sommes violents envers eux, ni encore si nous gardons pour nous les biens dont nous n'avons pas l'usage. C'est dans le plus ordinaire, le plus terre à terre de notre vie de tous les jours (s'habiller, manger, faire le ménage, aller faire ses courses…) que doit se manifester notre conversion, le retournement de notre cœur.

La marche vers Dieu passe par des obligations de justice et de solidarité. Elle ne peut cautionner l'injustice ni le rejet de l'autre. À travers sa prédication, Jean Baptiste indique aux foules de son temps et à chacun de nous aujourd'hui, vers où chercher la véritable présence de Dieu. Et il nous dit clairement et fortement à quelles conditions cette venue est possible : le partage, l'amour fraternel, la paix.

Nous ne sommes bien que lorsque nous faisons le bien. Le mal nous ruine. Il nous ferme à Dieu et aux autres. Il se nourrit en nous détruisant. Et, c'est cela que Jean Baptiste veut faire comprendre à tous ces gens qui sont là devant lui.

Il y a dans cet évangile un détail intéressant qui indique un changement. Au début, les foules viennent voir Jean Baptiste, c'est une foule anonyme. Quelques lignes plus loin, le peuple était dans l'attente. La foule est devenue un peuple. (Lc 3, 15)

L'autre n'est plus un étranger. Il est mon frère ; je veux être avec lui ; je veux pour lui le bien. Ensemble, nous pouvons vivre autre chose. Nous pouvons nous ouvrir à Dieu et aux autres. Voilà donc une première étape qui nous permet de préparer la venue du Seigneur.

Cette venue du Christ est une bonne nouvelle qui nous remplit de joie. C'est d'ailleurs une recommandation de saint Paul : *" Soyez toujours dans la joie du Seigneur."* Soyons dans la joie parce que le Seigneur vient nous rejoindre au cœur de nos vies. Il nous aime tous tels que nous sommes et il vit près de nous. Il nous tend la main et il nous accompagne tout au long de notre vie. Il veut sans cesse nous aider à rendre notre vie de plus en plus conforme à cet amour dans lequel nous avons été plongés.

> Quelle est notre véritable attente aujourd'hui ? Quel est notre désir de Dieu ? Comment vivons-nous cet Avent ?

Frères et sœurs, la raison de notre joie c'est cette présence du Christ. Mettons notre espoir dans le Seigneur, rencontrons-le dans sa Parole et dans ses sacrements, et aussi en rencontrant les autres. À quelques jours de Noël, que pouvons-nous faire pour accueillir le don de Dieu ? Oui, que faire ?

Des actions simples, des choses à notre portée, partager vêtements et nourriture avec celui ou celle qui n'en a pas. Réjouissez-vous ! Oui, réjouissez-vous ! Laissons le Christ lui-même nous le redire tout bas, et encore et encore, car nous sommes un peu dur d'oreilles, un peu dur de cœur surtout. La joie, la vraie joie, la joie frappe à notre porte : accueillons là avec enthousiasme.

Catéchèse en famille

Cet extrait de l'évangile de Luc comprend deux parties…
   1. Les foules demandant à Jean Baptiste : *" Que devons-nous faire ? "* (Lc 3, 10)
   2. Le peuple s'interroge au sujet du messie et vit dans l'attente de sa venue.

D'un côté, il y a des foules désireuses de l'entendre et dans ces foules, Luc reconnait deux groupes de gens qu'il distingue à cause de leurs professions…
   1. Ce sont d'abord les collecteurs d'impôts. *(Lc 3, 12a)*
   2. Il y a aussi des soldats romains. *(Lc 3, 14a)*

Pour tous, une seule question se pose : " *Que devons-nous faire ?* "

Les réponses données à cette question sont diverses. C'est, selon Jean-Baptiste, des gestes de pénitence , de conversion *(Lc 3,8)* ; ou encore des prières *(Lc 5,33)*. À ses auditeurs, Jean Baptiste donne ensuite des conseils de modération, de justice *(Lc 3,13)*, de douceur *(Lc 3, 14b)*, de partage fraternel *(Lc 3, 11)*.

Mais à côté de ces foules désireuses de savoir ce qu'il faut faire, Luc aperçoit d'autres gens : c'est le peuple *(Lc 3, 15)*. Le peuple. Dabs ce récit, ce peuple représente tout Israël en attente d'un sauveur. Attendre en cherchant et en se posant des questions, c'est ce que fait ce peuple au sujet de Jean Baptiste et du messie : " *Ne serait-ce pas lui le messie ?* " *(Lc 3, 15b)* Jean Baptiste donne une réponse qui révèle sa conception du messie *(Lc 3, 16-17)*.

" *Moi, je vous baptise avec de l'eau.* " *(Lc 3, 16a)* L'eau est l'image de la purification, et Jean l'administre en vue de la repentance et de la régénération. " *Lui vous baptisera dans l'Esprit Saint et dans le feu*" *(Lc 3, 16c)*

L'Esprit et le feu, ne sont pas deux choses différentes, pas plus que l'eau et l'Esprit *(Jn 3.5)*, mais l'un est l'image de l'autre. Le feu est le symbole de l'Esprit en tant qu'il pénètre avec une irrésistible puissance et purifie les métaux les plus durs.

Telle est l'action de l'Esprit-Saint sur le cœur et sur la vie des personnes, et c'est aussi sous ce symbole qu'il descendit au jour de la Pentecôte *(Actes 2)*. Mais le feu, dont l'action est toujours une souffrance peut devenir le feu du jugement divin pour les personnes qu'il ne purifie pas du péché et de la souillure.
" *Il tient à la main la pelle à vanner pour nettoyer son **aire** à battre le blé*" *(Lc 3, 17a)*

L'aire en Orient, était préparée et aplanie sur le champ même où l'on moissonnait. On y foulait le blé au moyen de bœufs ou d'instruments propres à cet usage, puis on le vannait, la paille était rejetée sur le champ et brûlée, tandis que le grain était recueilli dans les greniers. Voir aussi à Mt 3, 11-12 et à Mc 1, 7-8

" *Il amassera le grain dans son grenier ; quant à la paille, il la brûlera dans un feu qui ne s'éteint pas.*" *(Lc 3, 17b)*

Jean Baptiste utilise cette image pour montrer qu'elle sera l'œuvre que le messie accomplira dans ce monde : cette séparation commence d'une manière intérieure et invisible, en ce monde, elle sera consommée plus tard et manifestée au dehors par l'exclusion des impies du royaume des cieux, représenté par le grenier.

Quatrième dimanche de l'Avent

Mise en condition

" Heureuse, celle qui a cru."
Tout est paix et bonheur dans les textes liturgiques de ce quatrième dimanche de l'Avent. Jésus dont nous fêterons dans quelques jours la naissance, est décrit comme un berger qui conduit son troupeau, comme le tout-puissant dont l'amour protège et soutient (psaume 79), comme le "prince de la paix" offrant sa vie pour le salut de tous les hommes.

Arrivés au terme de ce temps de l'Avent, notre cœur est-il plus ouvert à accueillir le Christ et sa Parole ? L'Évangile est-il vraiment pour nous une source de bonheur ? Noël. est-ce vraiment pour nous une bonne nouvelle ? Si oui, ne manquons pas de l'annoncer autour de nous cette semaine car cette joie grandit quand on la partage.

> Qu'est-ce que Dieu attend de moi dans mon travail, dans mes loisirs, dans l'éducation de mes enfants, dans mes liens de voisinage, dans ma famille ?

Références dans la Bible : Mi 5, 1-4a ; Ps 79 ; He 10, 5-10 ; Lc 1, 39-45

Dieu vient nous visiter

Dans sa lettre aux Hébreux, Paul écrit que Jésus Christ s'est offert à son Père pour accomplir sa volonté. Toute notre vie est prière si nous cherchons à y faire la volonté de Dieu ; c'est justement en cela que Marie est un exemple pour nous. À l'image de son Fils venu en ce monde pour faire la volonté de son Père, Marie s'est toujours tenue disponible et confiante devant Dieu.

En ce dernier dimanche de l'Avent, l'Église nous donne en lecture la rencontre de Marie avec sa cousine Élisabeth. En fait, ce n'était pas seulement la visite de la cousine, c'était la visite de Dieu lui-même : *" D'où me vient ce bonheur ? L'enfant lui-même que je porte en moi tressaille de joie ! " (Lc 1,44).* Marie se met à chanter, d'une voix si belle, si pure, que l'écho en retentit aujourd'hui encore dans toutes nos églises : *" Mon âme magnifie le Seigneur et mon esprit se réjouit en Dieu mon sauveur "." (extrait du Magmificat)*

Élisabeth est la première à recevoir dans la joie cette Bonne Nouvelle de la venue du Seigneur, encore porté dans le sein de sa mère. Marie est celle dont la foi a permis cette merveille : Dieu vient en personne à notre rencontre. Partageons la joie de ces deux femmes.

À l'exemple de la Vierge Marie, préparons-nous aux visites du Christ, notamment lors des célébrations eucharistiques. Par la communion, Jésus vient nous visiter. Accueillons-le humblement en reconnaissant que nous sommes pêcheurs : Seigneur, je ne suis pas digne de te recevoir, mais dis seulement une parole et je serai guéri. Nous reconnaissant indignes d'un tel honneur, n'hésitons pas à avouer et confesser nos fautes.

Jean-Baptiste demandait cet aveu à ceux qui venaient le trouver pour les préparer ainsi à la venue du Messie. Pourquoi ne pas reprendre cette habitude de la confession pour mieux nous préparer à la visite du Seigneur à l'occasion des grandes fêtes et spécialement à l'approche de cette fête de Noël ?

Ce qui fait la grandeur de Marie, c'est d'avoir cru et accepté tout ce que Dieu lui a dit. Elle est grande aussi parce qu'elle a toujours été fidèle à ce choix, au jour le jour, dans les choses les plus simples et les plus ordinaires de la vie. C'est avec raison que sa cousine Elisabeth a pu dire : *" Heureuse es-tu parce que tu as cru. "* (Lc 1, 45)

C'est en accueillant la Parole de Dieu dans notre vie que nous parviendrons au bonheur comme Marie, celle qui a cru. C'est le renouvellement intérieur, la conversion du cœur et de l'esprit ainsi que l'ouverture aux autres qui nous feront progresser davantage sur le chemin de la sainteté.

Catéchèse familiale

Marie se met en route rapidement vers Ain Karem, une ville de la montagne de Judée où habite sa cousine Élisabeth qui enfantera bientôt. Pour nous préparer à Noël, marchons avec elle sur cette route. Accompagnons-la dans sa visite. La salutation de Marie à sa cousine fut : " Shalom ! " (1)

(1) mot hébreu utilisé pour se dire bonjour

Il y a dans ce récit l'extraordinaire reconnaissance des deux enfants encore dans le ventre de leur mère. Ces deux femmes sont tellement présentes l'une à l'autre que ce dont elles sont porteuses participe à la rencontre *(Lc 1, 41-42)*. L'évangéliste Luc nous dit que cette profondeur d'accueil réciproque est un don de l'Esprit Saint *(Lc 1, 41b)*. Élisabeth remplie de l'Esprit Saint perçoit tout le mystère qui habite Marie : la présence du Messie et la foi de Marie *(Lc 1, 45)*.

Marie est déclarée heureuse parce qu'elle a eu la foi. Elle a cru. Plus tard, quand on parlera à Jésus de sa mère, il dira : *" Heureux ceux qui écoutent la parole de Dieu et la mettent en pratique. "* (Lc 11, 28) Marie entra dans la maison de Zacharie et salua Élisabeth. Quand Élisabeth entendit la salutation de Marie, son enfant remua dans son ventre. Alors, Élisabeth fut remplie de l'Esprit Saint et s'écria d'une voix forte : " Marie, tu es bénie entre toutes les femmes, et le fruit de tes entrailles est béni. "

Écoutons et recevons pour nous cette visite. Ces deux femmes nous apprennent que notre ouverture aux autres passe par l'intérieur de nous. Ce n'est pas parce que nous rencontrons beaucoup de gens que nous sommes ouverts aux autres.

Temps de Noël

Noël- Messe du jour

Mise en condition

À Noël la Parole de Dieu s'est fait homme et nous a découvert l'amour gratuit et la vérité du Père. Dieu est venu à notre rencontre. Le petit enfant de la crèche de Bethléem nous apporte la vraie Vie : la vie éternelle. Comme les bergers écoutons son appel.

Références dans la Bible : Is 52, 7-10 ; Ps 97 ; He 1. 1-6 ; Jn 1, 1-18

Dieu parmi nous, Dieu chez nous

Chers amis et chères amies dans le Christ, après la joie de la nuit de Noël, admirons la tendresse d'un Dieu qui se fait enfant pour devenir notre ami. S'il est impossible de ne pas aimer un tout-petit qui vous tend les bras, comment ne pas aimer celui de la crèche ?

Ce mystère de l'Incarnation, célébré à Noël, nous invite à reconnaître en cet enfant le Dieu qui vient habiter en nous, pour qu'à notre tour nous vivions en lui. Tous les extraits de la Parole de Dieu, en ce jour de Noël, demandent à être accueillis dans cette attitude d'admiration devant le Mystère.

" *Com*me il est beau de voir courir sur les montagnes le messager de la paix " (Is 52, 7). Comme il est beau ce Dieu qui nous aime au point de se faire homme. Ce Dieu, que personne n'a jamais vu, se fait connaître aux hommes, se fait connaître en parlant par son fils *(deuxième lecture)*. Noël, le Fils de Dieu s'est fait homme, le voici maintenant parmi nous. Oui, Dieu est avec nous : Jésus sera reconnu médiateur, le seul médiateur entre Dieu et nous, mettant fin définitivement à la distance qui nous séparait de Dieu.

Dieu parmi nous, Dieu vient chez nous. De même que nous faisons une place dans notre maison pour la crèche et le sapin, il est bon de faire une place pour Dieu dans notre cœur et dans nos activités quotidiennes. Pour le rencontrer, notre regard doit s'exercer à reconnaître toutes les formes d'humilité, d'innocence, de paix, de tolérance et d'amour. Dieu se trouve dans la tendresse qui se vit au sein des familles, dans la tendresse donnée par beaucoup de bénévoles œuvrant dans de nombreuses associations. En ce temps de Noël, n'est-ce pas là l'occasion d'en témoigner, de redonner confiance, de rallumer l'espérance ?

Quelle que soit l'intensité de notre foi, en chacun de nous existe, il me semble, un petit coin qui croit toujours en cet enfant, en son avenir. Qui que nous soyons, nous nous retrouvons, souvent à notre insu, émerveillé devant une crèche. Dieu se fait homme en Jésus Christ. " Le Verbe était la vraie lumière, qui éclaire tout homme en venant dans le monde. " *(Jn 1, 9)* et il a révélé à chacun et à tous sa grandeur et sa dignité humaine. Telle est la Bonne Nouvelle. Qu'en avons-nous fait ?

Qu'en faisons-nous encore aujourd'hui ? À Noël, reconnaissons que nous sommes des hommes et des femmes, simplement appelés à investir notre vie à la suite de Jésus. Dans ce sens, Noël est à inventer à chaque année.

La Sainte Famille

Mise en condition

Chers amis, chères amies dans le Christ, de nos jours le modèle familial est souvent malmené, la fête de la Sainte Famille *(ce premier dimanche après Noël)*, nous apporte un message de bonheur : nous sommes tous appelés "enfants de Dieu" *(deuxième lecture)*, appelés à partager la condition du Fils et à vivre de son Esprit. Le Christ est venu parmi nous pour nous révéler le visage du Père et il a fait de nous tous les enfants de Dieu.

Comment vivre cette appartenance d'une manière concrète ? Ne prions pas Dieu d'une façon machinale : s'adresser à Lui en lui disant "Notre Père", c'est le reconnaître père de tous et par conséquence, les accepter tous comme nos frères et nos sœurs, sans exclusive.

Références dans la Bible : 1S 1, 20-28 ; Ps 84 ; 1 Jn 3, 1-24 ; Lc 2, 41-52

Nous sommes tous enfants de Dieu.

La première lecture, tirée du premier livre de Samuel, nous a présenté la naissance de Samuel, qui, aux yeux de son auteur, est signe de la volonté de Dieu de poursuivre son projet en dépit de tous les obstacles : de la femme stérile et humiliée naît celui qui sera le garant de la fidélité du peuple au projet de Dieu à travers tous les bouleversements.

Quant au psaume (84) retenu pour cette célébration, il aurait été écrit aux environs de l'an 587 avant la naissance du Messie et il aurait été composé pour le pèlerinage à Jérusalem où les Israélites se rendaient trois fois l'an pour la fête des Tentes et aussi pour celles de la Pâque et de la Pentecôte. Il comprend quelques passages traduisant bien les sentiments des chercheurs de Dieu : " *Mon cœur et ma chair sont un cri vers le Dieu vivant.* "

Ce psaume nous dit qu'un vrai chercheur de Dieu ressent une sorte de soif du Seigneur. De plus, le psalmiste sait que sans Lui, il est comme une terre aride. Heureux sont les hommes dont Dieu est la force car des chemins s'ouvrent dans leur cœur. Ces chemins sont les lois du Seigneur. L'orant chante le bonheur des personnes qui entrent dans le temple pour y rencontrer le Dieu vivant.

Sommes-nous conscients, que lorsque nous entrons dans une église pour prier, que Jésus y est bien présent dans le Saint Sacrement, conservé dans le Tabernacle ? Si nous en étions vraiment convaincus, nous y viendrions plus fréquemment et nous y trouverions une véritable joie de pouvoir nous
y recueillir et prier ce Christ, venu parmi nous pour notre Salut.

Dans la seconde lecture présentant des extraits de la première lettre de saint Jean, nous y découvrons le fondement même de la communion des hommes à Dieu : ils sont enfants de Dieu. *(1 Jn 3, 1)* Et à ce titre, ils participent donc à sa vie d'une façon qui défie l'imagination. Mais cette réalité doit se vivre dans le concret, précise Jean.

> Dieu veut nous associer à son bonheur éternel : c'est pour cela qu'il nous a envoyé son divin Fils pour nous enseigner le chemin qui conduit à la sainteté.

C'est en étant fidèles aux commandements prescrits par Dieu et en faisant ce qui lui plait que nous nous comportons vraiment en enfant de Dieu. " *Voici son commandement : avoir foi en son Fils Jésus Christ et nous aimer les uns les autres comme il nous l'a commandé* ". *(1 Jn 3,23)* Ce n'est finalement pas très compliqué mais c'est exigeant.

Dans ce passage de l'Évangile de Luc, nous y trouvons Jésus au début de l'adolescence, pleinement humain, menant une vie ordinaire dans une petite ville de Galilée.
Mais cette page nous donne aussi un aperçu sur la profondeur de sa personne : celle d'une relation filiale et mystérieuse avec Dieu, qui le livre tout entier à la réalisation du projet de Dieu sur le monde.

Cette page nous révèle aussi que c'est intentionnellement que Jésus a faussé compagnie à ses parents lors du pèlerinage à Jérusalem. Aujourd'hui l'on dirait qu'il a fugué. Peut-on le définir fugueur quand on apprend qu'ils le retrouvèrent trois jours plus tard dans le temple, assis au milieu des docteurs de la Loi, les écoutant et leur posant des questions ?

La réaction de ses parents, lors des retrouvailles, révèle qu'ils ont accusé le coup.

" *Mon enfant, pourquoi nous as-tu fait cela* " *lui dit sa mère, vois comme nous avons souffert, en te cherchant, ton père et moi.*" Et Jésus répondit : " *Comment se fait-il que vous m'avez cherché ? Ne le saviez-vous pas ? C'est chez mon Père que je dois être.* " *(Lc 2, 48-49)*

Voici donc, la première parole que Jésus prononça dans l'évangile, la seule que nous connaissions de lui pendant trente ans ! Cette unique parole au début de son adolescence est là pour nous révéler qu'il prit, très tôt, conscience de son identité profonde et de sa vocation. Pas plus qu'il n'appartenait pas à ses parents, il ne s'appartenait à lui-même : Pleinement Fils de Dieu dans son être, il se devait à son Père et à sa mission. Tâchons de découvrir tout ce qu'il y a de positif dans les crises de croissance de nos enfants, encourageons-les à aller de l'avant, à pas craindre l'avenir, osons leur affirmer que nous avons confiance en eux et aidons-les à découvrir les appels que Dieu leur adresse.

Confions-les à Dieu par notre prière fervente et reconnaissante. Dieu les considère avec un amour infini et gratuit. Il considère chacun chaque personne comme étant son enfant. Nous comprenons alors cette prière que Jésus lui-même nous a enseignée : **Notre Père**…

Baptême du Seigneur

" Consolez, consolez mon peuple, dit votre Dieu. Parlez au cœur de Jérusalem " Consolez ce peuple, c'est l'assurer qu'il n'est pas abandonné par Dieu, c'est lui révéler la tendresse de Dieu qui porte sur son cœur ses enfants comme un berger le fait pour ses agneaux fragiles ! *(Première lecture).*

Consoler, c'est être avec celui qui est seul : Savons-nous être ainsi proche et ami du pauvre, du vieillard, du malade abandonné ? Savons-nous épauler, pour affronté les difficultés de l'existence, celui que la vie a meurtri, l'enfant handicapé ou en retard scolaire ?

Comme le peuple était dans l'attente, et que tous se demandaient en leur cœur si Jean n'était peut-être pas le Christ, il leur dit à tous : *" Moi, je vous baptise dans l'eau, mais voici venir celui qui est plus puissant que moi, et je ne suis pas digne de délier la courroie de ses chaussures. Lui vous baptisera dans l'Esprit saint et le feu."* (Lc 3, 15)

Nous trouvons dans l'Évangile de Luc, cette scène vraiment exceptionnelle de la vie de Jésus : il vient se faire baptiser par Jean-Baptiste. Il y a un sens à découvrir dans son baptême : Jésus n'a pas besoin de baptême car il est sans péché, il est saint et pur par ce qu'étant le Fils de Dieu. Le fait important à considérer dans cet épisode de sa vie est sa rencontre avec Jean, le Baptiste !

Tous se demandaient en leur cœur si Jean n'était peut-être pas le Christ . Pourquoi se posaient-ils cette question ? Jean faisait ce que seul le Christ peut faire : baptiser ! La personne qui a été baptisée peut recevoir la rémission de tous ses péchés. Mais Dieu seul peut remettre les péchés. Par conséquent, le baptême est réservé au Christ, et à lui seul. C'est pourquoi, sous l'action de l'Esprit Saint, les gens se demandaient si celui qu'il voyait en train de baptiser n'était peut-être pas le Christ, celui que Dieu a envoyé en son nom pour annoncer la Bonne Nouvelle du Salut !

Tout le peuple se faisait baptiser, Jésus le fit aussi. Jésus, jusqu'ici, agit comme tout le monde ; comme tout le monde, il est venu se faire baptiser. La mission de Jésus qui commencera après ce baptême est pour tous par ce que le Salut est offert par Dieu à tous !

Pendant que Jésus priait, le ciel s'entrouvrit. /Lc 3, 21) Le premier acte de la vie publique de Jésus, c'est de prier ! C'est pendant cette prière qu'il reçu l'Esprit Saint. Prier, c'est donc faire place à l'Esprit Saint ; c'est créer les conditions de sa venue. Est-ce que je prie à cette intention là ?

Prions avec persévérance, Dieu qui nous aime et qui veut nous combler. Prier avec foi, c'est d'abord se laisser envahir par Dieu, rechercher sa volonté, s'accorder à son projet sur nous, pour nous laisser transformer par lui. Est-ce ainsi que nous prions ?

> **Qu'elle est la place de la prière dans ma vie, à l'exemple de Jésus qui priait ?**

Aussitôt que le Christ fut baptisé par Jean, le ciel s'ouvrit et l'Esprit Saint se manifesta corporellement en descendant sur Lui ! Le Père révéla alors sa présence en disant ouvertement : " *Tu es mon Fils bien-aimé, sur toi je porte mon affection.* "

Quel Mystère ! C'est celui de notre baptême ! Le Père nous aime dans son Fils bien-aimé, par la puissance de l'Esprit ! A nous maintenant de répondre fidèlement à cet amour jusqu'à la fin de notre vie ! L'Amour de Dieu est tout puissant : laissons-nous attirer par lui ! Ne résistons pas à la force qui est en nous par le sacrement de notre baptême !

Allons vers Jésus ! Répondons à son amour en le recevant dignement dans l'Eucharistie ! Demandons à Marie de nous aider sur ce chemin parfois difficile de la vie en Dieu.
Amen.

Premier dimanche du carême

Mise en condition

Les textes choisis pour la messe de ce dimanche, nous rappellent que Dieu sauve. Il a libéré son peuple d'Égypte *(première lecture)*. Il peut nous libérer de la mort sous toutes ses formes par la résurrection de son Fils. *(deuxième lecture)* Sa libération est un don gratuit, offert à tous sans discrimination.

En ce temps de Carême, il nous est demandé une plus grande vigilance et une plus grande attention à la Parole de Dieu. C'est en étant plus proche de Lui, que nous pourrons mieux résister aux assauts du démon. Il peut être très utile de réfléchir au cours de ce Carême à ce que sont nos tentations et après les avoir repérées, trouver les moyens pour pouvoir les surmonter. Jésus nous montre par son enseignement et son exemple, comment y résister.
Les trois tentations dans le désert, rapportées dans l'Évangile, représentent toutes les sollicitations qui risquent de nous détourner de Dieu et du chemin de Vie.

Références dans la Bible : Dt 26 4-10 ; Ps 90 ; Rm 10, 8-13 ; Lc 4, 1-13

Marchons vers Pâques

Nous voici entrés en Carême : quarante jours nous sont offerts pour nous convertir au Seigneur et nous préparer ainsi à célébrer Pâques dans la joie d'un cœur renouvelé par la prière, le jeune et la solidarité.

L'évangile de ce premier dimanche du Carême, nous présente Jésus au moment de la tentation dans le désert. Moment capital pour la suite de sa vie publique : ces quarante jours nous dévoilent l'épreuve qui sera au cœur de celle-ci dans les années à venir

Entre les lignes de ce passage de l'évangile de Luc, il nous faut lire le choix pressant qui s'impose de plus en plus à Jésus : recevoir l'appel du Père comme une bonne nouvelle qui le comble et se décider à prendre notre route pour partager cette bonne nouvelle. L'épreuve deviendra cruciale durant la passion : il sera rejeté parce qu'il s'est fait proche.

Quarante dans la poésie biblique, vient de quatre qui évoque les points cardinaux, repères des hommes sur la terre. Le nombre quarante a un rapport avec les hommes. Quarante jours passés dans le désert, c'est le temps d'épreuves pour Jésus de choisir d'être fidèle à son Père avec l'aide de l'Esprit Saint.

Notre vie entière est tissée d'un temps d'épreuves. Vivre le carême, c'est entrer dans la Pâque du Seigneur. Pendant ce temps, nous sommes invités à être plus attentif à la prière, au partage et au pardon. Efforçons-nous pendant cette période de prendre un peu plus de temps pour prier. Le Carême est un temps de libération ; il constitue pour tous les chrétiens un temps favorable pour entendre l'appel de Dieu. Le Carême, c'est quarante jours, sans compter les dimanches, pour se retourner vers Dieu, vers les autres, vers soi-même : c'est à dire se convertir. Le Carême, c'est marcher vers Pâques : devenir solidaire de ses proches et d'autres communautés chrétiennes.

Au cours de cette période, nous sommes invités à reconnaître, non seulement en paroles, mais du fond du cœur, que Jésus est le Seigneur. Croire que Jésus est notre Seigneur, c'est le laisser prendre la direction de notre vie.

Dans sa lettre aux Romains, l'apôtre Paul affirme que tous ceux qui invoqueront le nom du Seigneur seront sauvés : " *Celui qui, de sa bouche affirme sa foi, sera sauvé.* " *(2ième lecture)*

Nous sommes aussi invités à reconnaître, non seulement en paroles, mais du fond du cœur notre péché, c'est à dire à prendre conscience des blessures que l'on fait volontairement à Dieu, à autrui et à soi-même afin de le dire à Dieu et de lui demander son pardon. C'est un moyen de se libérer de la culpabilité et de s'engager à créer de meilleures relations.

En répondant à l'appel pressant de l'Église à nous convertir, à écouter attentivement la Parole, à prier et à partager nos biens, nous nous préparerons ainsi à la fête de Pâques.

homélie prononcée en l'église de Naomé le 28 février 2004

Catéchèse en famille

La tentation est à notre porte quand nous sentons la pression de nos mauvais penchants ou lorsque nous sommes poussés à faire le mal. Jésus n'avait pas nos mauvais instincts, mais l'Esprit saint l'a conduit au désert pour y être tenté. C'est au désert que Jésus a ressenti le plus fortement les suggestions du démon pour le détourner de sa mission.

Jésus, rempli de l'Esprit Saint *(verset 1a)*, a commencé son ministère en se soumettant à une très rude épreuve : quarante jours de solitude et de jeûne *(verset 2)*. Et c'est dans ce lieu hostile que le démon essaya de le déstabiliser et de l'entraîner à commettre la faute.

" Si tu es le Fils de Dieu, ordonne à cette pierre de devenir du pain." *(verset 3)* – Le démon suggère à Jésus de se prouver à lui-même et aux autres, en faisant un miracle sensationnel, qu'il est le fils de Dieu. C'est la tentation à laquelle Jésus sera soumis toute sa vie, jusqu'au Calvaire *: " N'es-tu pas le messie ? Sauve-toi toi-même et nous avec toi. " (Lc 23,39)*

La tentation de satisfaire notre faim nous guette tous. Et même plus que notre faim. Dans les pays riches, la nourriture est tellement abondante et variée que beaucoup de gens souffrent de leurs excès de table à un point tel que pour certains, il y a même à craindre de gros dégâts !

À cette première tentation, la réponse de Jésus a été claire : " *Ce n'est pas seulement de pain que l'homme doit vivre !* " Comprenons-nous bien ce message ? Nous avons d'autres besoins que ceux de manger, boire.

La deuxième tentation, que Jésus a subit, symbolise toutes les formes de tentation : c'est la tentation du pouvoir. Cette tentation, Jésus dût la repousser toute sa vie, notamment lorsque ses contemporains voulaient l'entraîner à être le libérateur d'Israël contre l'occupant romain. Jésus aurait pu être riche et puissant. Il a préféré être le serviteur de tous : " *Le Fils de l'Homme est venu pour servir et donner sa vie* " *(Mt 20, 27-28)*. La tentation du pouvoir, c'est aussi la nôtre : dominer, s'imposer, profiter.

La troisième tentation de Jésus au désert, ce fut celle que l'on mit devant lui toute sa vie : " *Quel signe fais-tu pour que nous croyions ?* " *(Jn 6,30)*. Hérode espérait voir Jésus faire un miracle *(Lc 23,8)*. Et nous, ne continuons-nous pas à demander cela à Dieu dans nos prières ?

Jésus a toujours refusé les moyens spectaculaires pour sa mission, choisissant les moyens pauvres. Jésus a obéit à son Père jusque dans l'impression d'être abandonné de Lui : " *Mon Dieu, mon Dieu, pourquoi m'as-tu abandonné* " *(Mt 27,46b)* .

Ce qui cause l'angoisse de Jésus, il le dit lui-même, c'est le sentiment momentané de l'abandon de Dieu ! Ne nous étonnons pas d'éprouver à notre tour la même tentation, la plus grave et la plus dangereuse de toutes, la tentation de l'abandon de Dieu, la tentation de l'athéisme : " Si Dieu existait, il ne m'arriverait pas cette épreuve ! Si Dieu existait, il n'y aurait pas toutes ces catastrophes…

Cette question du mal dans le monde est la cause de bien des crises spirituelles et de beaucoup d'abandon de la foi. Ressaisissons-nous car nous croyons que Jésus est à nos côtés, il marche avec nous, il est 100% avec nous. Il a vaincu lui-même cette tentation : il est resté fidèle à son Père, même crucifié.

Deuxième dimanche du carême

Mise en condition

Aujourd'hui, les textes liturgiques nous invitent à nous tourner vers Dieu. Dieu s'est fait notre prochain par son Fils Jésus et pour y parvenir, il a procédé par étapes. Ce cheminement commença par la rencontre avec Abraham : " *Il eut foi dans le Seigneur* " (première lecture). Saint Paul appelle ses auditeurs à tenir bon (deuxième lecture) tandis que la voix du Père nous demande d'écouter Jésus : "Écoutez-le" (Évangile)

Mettons notre foi en Jésus car c'est en lui que s'est réalisée la Promesse que Dieu fit à Abraham. Dieu nous interpelle sur notre foi. Croire, ce n'est pas facile. Nos difficultés à croire ne doivent pas nous décourager. Ce temps de Carême nous est donné pour consolider notre foi en nous mettant davantage à l'écoute de la Parole de Dieu. Écouter le Christ, c'est reprendre et méditer l'Évangile mais c'est aussi le regarder, l'aimer et lui demander de nous aider à suivre son exemple.

Références dans la Bible : Gn 15, 5-12.17-18 ; Ps 26 ; Ph 3, 17-4,1 ; Lc 9, 28b-36

Confiance et fidélité

Le texte de la Genèse, que nous avons écouté en première lecture, est un des plus beaux tableaux présentant en image, le mystère de l'Alliance conclue entre Dieu et les hommes. L'Alliance conclue entre Dieu et Abraham ne rassemble pas des partenaires égaux. Dieu y joue un rôle actif. C'est lui qui conclut l'Alliance et pour ce motif, c'est lui seul qui pratique les rites décisifs. À Abraham qui reçoit l'Alliance, il lui est demandé de l'accepter librement. **Le oui d'Abraham exprime sa foi.** Malgré les doutes et les épreuves, Abraham fait confiance à Dieu.

Le rapprochement entre ce texte de la Genèse et l'évangile de ce jour est à la fois audacieux et intéressant. Audacieux car le passage de l'un à l'autre n'est pas chose facile, intéressant car Jésus nous est montré comme celui en qui l'Alliance nous est proposée et à travers qui les personnes l'acceptant deviennent partie prenante.

Jésus prit avec lui Pierre, Jean et Jacques, et il alla sur la montagne pour prier. Le cadre est une montagne, ce lieu où l'homme se retrouve proche des réalités divines. Jésus en prière exprime l'étroite relation qui l'unit à Dieu. Ses trois apôtres tombent de sommeil, mais, comme plus tard au jardin des Oliviers, ils sont témoins de sa prière : Jésus s'entretient avec Moïse et Élie de son prochain départ, suivi de sa mort à Jérusalem. Déjà il est donné aux trois disciples d'entrevoir la gloire de la résurrection, dont le Père transfigurera son Fils.

" *Pendant que Jésus priait, son visage apparut tout autre, ses vêtements devinrent d'une blancheur éclatante* " (Lc 9, 29)

C'est plus qu'un homme que les disciples aperçoivent : ne reconnaissent-ils pas là, la gloire de Jésus ? La nuée, qui recouvre cet endroit et ceux qui s'y trouvent, est signe de la présence divine. La voix céleste qui retentit ensuite, authentifie Jésus : " *Celui-ci est mon Fils, celui que j'ai choisis, écoutez-le.* " *(Lc 9,35)*

La Parole de Jésus est la seule capable de dire fidèlement le projet de Dieu pour nous. En nous évoquant Jésus au visage transformé par la prière, Luc nous encourage à prier avec confiance. Dans sa lettre aux Philippiens, Paul insiste sur la fidélité : " **Tenez bon dans le Seigneur, mes bien-aimés** ", écrit-il. *(2ième lecture)*

Dans notre vie marquée par l'épreuve et l'échec, par la souffrance et le péché, la prière seule, à certaines heures, peut nous transformer. Fils de Dieu depuis notre baptême, nous portons le même germe de résurrection que Jésus. Cette espérance de la résurrection change-t-elle notre vie, qu'il s'agisse de nos luttes, de nos souffrances, de notre travail ?

Est-ce que je cherche par ma prière, à connaître le regard que Dieu porte sur moi ? En ce temps de carême, prier, est un des actes indispensables dans notre préparation à la grande fête de Pâques.

> **Posons-nous la question : ma prière est-elle vraiment une rencontre avec Dieu ?**

" *Écoute Seigneur, je t'appelle : pitié, réponds-moi !* " *(Psaume)*

La prière authentique nous amène progressivement à regarder les autres sous un jour différent. Toute personne , qui prie avec ferveur, voit sa vie autrement.
Que chaque Eucharistie que nous célébrons, soit vraie prière, vraie rencontre avec le Christ ressuscité ; qu'elle nous entraîne vers une réelle transfiguration de notre vie.

homélie prononcée en l'église de Oisy le 7 février 2004

Troisième dimanche du carême

Mise en condition

Dieu révèle tout son être. Il se révèle comme étant celui qui nous aime tous, sans exception et il est à nos côtés pour toujours. *" Le Seigneur est tendresse et pitié, lent à la colère et plein d'amour " (psaume 103, 8).* Que pouvons-nous faire, à notre niveau, en famille, pour mieux en témoigner, en parler ? Dieu est patient, il nous laisse toujours une chance supplémentaire comme le vigneron de l'évangile

Références dans la Bible : Ex 3, 1-8a.10,13-15 ; Ps 102 ; Co 10, 1-6.10-12 ; Lc 13, 1-9

La patience de Dieu

Les puissants tremblements de terre qui provoquent beaucoup de dégâts matériels et humains, les épidémies de toutes sortes sévissant dans le monde, les attentats sanglants au Moyen Orient, les jeunes qui subissent des sévices et des actes odieux... Chaque événement malheureux débouche sur la question suivante : à qui la faute ? ou encore " Pourquoi eux ? "

Que de fois, n'entendons-nous pas cette expression : si Dieu existait, s'il était vraiment l'Amour absolu, il ne permettrait pas de pareils drames.
Mais n'allons pas si loin ! Nous aussi, nous sommes parfois tentés de penser : qu'est-ce que j'ai fait au Bon Dieu pour mériter cela, lorsqu'un événement douloureux, un accident, une maladie grave, la perte d'un emploi me frappe ou frappe un membre de ma famille.

Ou encore cette réflexion : c'est injuste, il n'avait pas mérité de mourir si jeune, réflexion fréquente suite à un accident mortel.

Non, la souffrance n'est pas envoyée par Dieu. Non, l'épreuve n'est pas une punition divine. Le mal qui nous arrive n'est souvent que la conséquence naturelle des lois de la nature ou d'erreurs commises.

L'Évangile de ce troisième dimanche de Carême relate des évènements tout aussi tragiques que ceux que nous rencontrons à notre époque, c'était, il y a près de deux mille ans. C'était l'affaire des Galiléens massacrés sur l'ordre de Pilate pendant leur prière ; c'était les dix-huit personnes tuées par la chute de la tour de Siloé. La réaction de Jésus, à qui ces faits furent rapportés, sera à l'opposé de ce que nous aurions dit ou pensé.

Jésus affirma que ces victimes de Pilate et ces pauvres gens ensevelis sous les décombres de la tour de Siloé, n'étaient pas plus pécheurs que les autres et par conséquent qu'ils n'avaient pas mérité ce sort malheureux dont la cause est à chercher ailleurs. C'est le cœur de l'homme qui doit changer pour que les structures sociales s'améliorent.

Cette page de l'évangile de Luc, nous invite à nous remettre en cause nous-mêmes ; elle nous invite à réfléchir sur les évènements et à les interpréter. Dans sa lettre aux Corinthiens, Paul nous suggère d'y trouver des avertissements : " *Celui qui se croit solide, qu'il fasse attention de ne pas tomber !* " L'histoire sainte est pleine d'enseignements à ce sujet.

Jamais, nous ne pouvons dire que quiconque est puni par Dieu par la mort. Comment le pourrait-il ? D'autre part, chacun sait que la mort peut nous surprendre à tout instant, et que le temps de la conversion est court. C'est urgent ! Convertissez-vous, croyez en la Bonne nouvelle. Changez vos cœurs, changez de vie !

" *Si vous ne vous convertissez pas, vous périrez tous comme eux !* " fut la réponse de Jésus à ceux qui lui rapportèrent les faits tragiques, cités par l'évangéliste.

Concrètement, pour tous, se convertir, implique de notre part un changement de mentalité, et un changement de comportement vis à vis de Dieu, des autres et aussi de soi-même. La conversion est un retour vers Dieu : le sacrement de Réconciliation, reçu avec foi, nous conduit sur le chemin de relèvement. Par contre, rester dans le péché, c'est se condamner soi-même à une mort beaucoup plus grave que la mort naturelle. En restant dans le péché, l'homme se condamne à périr éternellement.

homélie prononcée en l'église de Naomé le 13 mars 2004

Catéchèse en famille

Le figuier stérile

Les paysans de Palestine avaient l'habitude de planter un figuier dans un coin de leur vignoble *(Lc 13,6)* : cet arbre, aux larges feuilles brillantes, leur donnait des fruits succulents et aussi de l'ombre où il était agréable de se reposer lors des travaux. Cela avait fait naître la comparaison, courante à l'époque : Israël est la Vigne chérie du Seigneur et le figuier symbolise le Temple, de Jérusalem dans lequel les croyants pouvaient se rendre pour rendre grâce au Seigneur et le remercier de ses bienfaits.

Quelle est la signification morale et religieuse de cette parabole ?

Cette parabole de Jésus visait le système religieux de son peuple : son apparence était parfaite, il fonctionnait avec régularité mais il ne donnait pas les fruits que Dieu attendait ! Les pratiquants se rassuraient par une piété formelle, des liturgies convenables, une honnêteté de surface. Le Temple, avec ses splendides constructions, centre de la vie nationale, lieu des sacrifices et des cérémonies impeccables, était comparable à un figuier qui ne donnerait que de belles feuilles ! Or Dieu exige des fruits : le culte n'a pas sa fin en lui-même mais il doit conduire ses participants à changer de vie, à se convertir.

> **CHANGER DE VIE, SE CONVERTIR. Voilà le mot**

La parabole du figuier stérile nous montre la patience de Dieu. Elle est comme son amour, infinie. Sans cette histoire, bien que le figuier ne porta pas de fruit, un délai lui fut accordé. *(Lc 13, 8-9)* Dieu infiniment bon nous accorde de nouveaux délais.

Jésus Christ est celui qui donne de son temps et de sa peine pour que l'arbre stérile puisse donner du fruit : il nous invite à quitter le chemin de

l'indifférence.

> Change ta VIE ! Change ton cœur de pierre en cœur de chair ! Il n'est jamais trop tard... Alors, profite de ce temps de Carême pour commencer une démarche de conversion.

Si vous ne vous convertissez pas, si vous êtes devenus sourds aux appels des victimes des pouvoirs de toutes sortes, vous communautés chrétiennes seront desséchées ! Dieu donc attend avec la même patience que le vigneron vis à vis de ses vignes.

Le vigneron de la parabole, voyant que son figuier ne portait pas de fruit dit : " *Laisse-le encore cette année, le temps que je bêche autour pour y mettre du fumier.* " *(Lc 13,8)* Dans ce récit, le vigneron c'est Dieu lui-même qui nous fait confiance : il a remis le monde entre nos mains. Nous avons la responsabilité d'y travailler pour le rendre meilleur.

Quatrième dimanche du carême

Mise en condition

Comme le Père de la parabole *(évangile)*, Dieu ne sait qu'aimer, il veut nous aimer tous, sans exception : peu importent nos écarts et nos fautes. Seul compte pour lui chaque personne. *" Laissez-vous réconcilier avec Dieu " (deuxième lecture, v20c).* Dessaisissons-nous de nos rancœurs et de nos désirs de vengeance et abandonnons-nous à la volonté de Dieu. Redécouvrons en ce temps de Carême, cette dimension fondamentale de l'amour fort qui va jusqu'au pardon qui réconcilie.

Références dans la Bible : Jos 5, 10-12 ; Ps 33 ; 2 Co 5, 17-21 ; Lc 15, 1-3.11-32

Est-ce ainsi que nous nous représentons Dieu ?

Nous avons la mauvaise habitude de n'écouter que la première partie de ce passage de l'Évangile selon Luc que nous appelons la parabole de l'enfant prodigue. Or, c'est manifestement le Père qui en est le personnage principal. Ce père a vécu un drame en deux actes.

Un conflit entre lui et ses deux fils. Une histoire qui se revit dans beaucoup de familles. Papas et mamans dans une situation conflictuelle avec l'un ou l'autre de vos enfants, c'est le drame de Dieu que vous vivez. Cette page d'Évangile donne la plus belle histoire d'amour, la plus belle image de Dieu.

Dans le premier acte, l'attitude du père envers le plus jeune, révèle que ce père n'est que gratuité, partage, don total désintéressé, respectueux de la personnalité de son enfant ingrat. Ce père il ne lui veut que du bien, il l'aime sans réserve. À travers ce père, Jésus nous parle de Dieu.

Ce fils révolté, revendiquant son indépendance représente l'athéisme de tous les temps. Profiter des biens de Dieu sans le reconnaître, être loin de Lui, faire ce qu'on veut sans contrôle : ni Dieu, ni maître.

Son retour à la maison, malgré les belles phrases, n'est qu'un calcul pour retrouver logement et nourriture Et rien d'autre, car il a perdu l'habitude d'aimer. Il ne pense encore et toujours qu'à lui ! *" Comme il était encore loin, son père l'aperçut, fut saisi de pitié, courut se jeter à son cou, et le couvrit de baisers " (Lc 15, 20)*

C'est le père qui fait tout ici ! - Quatre gestes : il l'aperçoit, il est ému, il court et il l'embrasse. Le geste de courir est le plus fort de toute cette parabole : il n'est pas dans les habitudes d'aucune époque qu'un supérieur coure vers un inférieur, surtout quand celui-ci a eu envers lui une attitude scandaleuse. Le comportement de ce père montre qu'il ne se soucie pas le moins du monde de savoir si son fils manifeste une vraie contrition. D'aussi loin qu'il le voit, il court à sa rencontre.

Dans cette scène, Jésus met l'accent sur l'amour gratuit du Père qui est un Père qui pardonne avant tout aveu, sans condition. Le fils ingrat revenu, on fit la fête sans compter.

L'acte deux décrit l'attitude du père envers l'aîné : ici, le père manifeste la même bonté. Souvent la Bible revient sur ce thème de la gratuité absolue des dons de Dieu. Il n'y a aucune injustice dans cette attitude divine : Dieu aime tous les hommes. L'attitude du fils aîné révèle qu'il n'a pas vu tout l'amour dont il était aimé " *Toi, mon enfant, tu es toujours avec moi, et tout ce qui est à moi est à toi.* " Lc 9,31) À travers cette parabole en deux actes, nous sommes invités à entrer dans cet amour de Dieu et dans sa joie de retrouver les pêcheurs.

Dans sa seconde lettre aux Corinthiens, Paul leur déclare : " **Nous sommes les ambassadeurs du Christ, laisser-vous réconcilier avec Dieu** " (2ième lecture) Devenir ambassadeurs du Christ, de son esprit de miséricorde, c'est répondre avec joie, à son appel à nous réconcilier entre nous. Dans cette parabole de l'enfant prodigue, Jésus Christ nous a révélé combien Dieu, notre Père, est gratuité, don désintéressé et amour. Jésus nous y a révélé le vrai visage de son Père. Tout le contraire d'un Dieu méchant, jaloux, mal intentionné. Un Père prodigue d'amour !

Laissons-nous réconcilier avec Lui. Demandons-lui pardon de tous nos manques de confiance et d'amour.

Cinquième dimanche du carême

Mise en condition

Ce dimanche, toutes les lectures nous invitent à ne plus songer au passé mais à garder confiance en l'avenir. Avec le Christ, l'avenir est toujours ouvert, toujours possible. Pour Jésus, la personne vaut mieux que les actes qu'elle a commis et si ces actes appartiennent au passé, la personne reste promise à un avenir de vie et de bonheur. Voilà pourquoi le Christ rend libre. Bien sûr, il ne peut effacer le passé, mais il relance l'être aimé vers l'avenir, vers le bonheur où il nous attend tous et toutes.

L'important est de penser qu'à chacun de nous, Jésus dit : " Ne songes plus au passé " Comme Isaïe le demandait avant lui *(première lecture)*, " **Va, et désormais ne pèche plus !** ". (évangile). Choisissons, cette semaine qui vient, un point particulier de notre vie pour y être fidèle.

Références dans la Bible : Is 43, 16-21 ; Ps 125 ; Phil. 3, 8-14 ; Jn 8, 1-11

La femme adultère

Ce jour là, Jésus était assis dans la cour du Temple de Jérusalem et enseignait la foule qui l'avait suivi. Survint un groupe de scribes et de pharisiens en colère, entraînant de force une femme qu'on avait surprise en train de commettre l'adultère dirent à Jésus : " *Maître, on l'a trouvée chez un homme, elle trompe son mari, elle mérite donc la mort la loi est formelle.*"

Comment se fait-il qu'ils n'amenèrent que la femme ? Dans un adultère, il y a aussi un homme, que la loi juive en vigueur condamne de la même manière. *(Dt 22, 23-24 ; Lv 20, 10)*
Ayant été prise en flagrant délit d'adultère, selon la Loi de Moïse, elle doit être lapidée. " *Et toi, Maître, qu'en dis-tu?* " La réaction de Jésus fut étonnante : il ne fit rien, il ne répondit pas, il fit des dessins sur le sol : il ne leva même pas son regard vers la femme, car il savait sa honte. Il semblait même se désintéresser.

Comme on persistait à l'interroger, il se redressa et dit : " *Que celui de vous qui est sans péché lui jette la première pierre !* " *(Jn 8, 7)* Jésus les renvoya à leur conscience. Jésus plaça le débat à un autre niveau. **Pour Jésus, nous sommes tous pécheurs et nous avons besoin d'être tous pardonnés.**

Cette page de l'Évangile de Jean nous enseigne que Dieu ne veut pas la mort du pécheur, mais il veut qu'il se convertisse et qu'il vive. Soyons miséricordieux comme Dieu l'est envers nous. Ne nous posons pas en juges et nous ne serons pas jugés. Ne condamnons pas et nous ne serons pas condamnés. C'est la mesure, dont nous nous servons pour les autres, qui servira aussi de mesure pour nous. *(Lc 6, 36, 38)*

Sur cette réponse de Jésus, ils s'en allèrent, les uns après les autres et en commençant par les plus âgés. Les dernières paroles de Jésus furent pour la femme : *" Moi non plus, je ne te condamne pas ; va et désormais ne pèche plus ! " (Jn 8,11)*

Dans cette expérience unique, qu'elle a vécu, cette femme a découvert qu'elle était aimée au-delà de son péché et donc pardonnée. Nous sommes tous appelés à faire cette expérience du Pardon de Dieu en recevant le sacrement de Réconciliation. C'est là que nous rencontrons l'Amour Infini de Dieu : un Amour qui sauve parce qu'il ne nous confond jamais avec nos péchés. Essayons, comme Jésus, de redonner un avenir aux personnes que leurs péchés condamnent à la mort spirituelle.

Paul a bien saisi cette leçon : tout ce qui lui apparaissait comme une réussite humaine, ne compte désormais pour rien au regard de la rencontre du Christ qui a bouleversé sa vie. C'est à un complet renversement des valeurs de son existence qu'il assiste. Il n'a plus qu'un but : se laisser conduire et modeler par le Christ et n'attacher du prix qu'à ce qui compte pour lui *(2ième lecture)*

Et nous, qu'avons-nous quitté de nos habitudes, de notre mode de vie, de nos conceptions de l'existence pour suivre le Christ ? Ne regardons pas le chemin déjà parcouru dans notre vie. Tournons notre regard vers celui qui reste à faire pour appartenir totalement au Christ. *" Ne vous souvenez plus d'autrefois, ne songez plus au passé. Voici que je fais un monde nouveau, il apparaît déjà, ne le voyez-vous pas? " (première lecture)"*

Nous avons chanté avant la lecture de l'Évangile : ta Parole Seigneur est vérité et ta loi délivrance. Pâques sera-t-il la fête de notre propre délivrance, par un Dieu qui sauve et qui pardonne ? Changez vos cœurs, changez de vie et croyez que Dieu vous aime.

Catéchèse en famille

Jésus a dit à la femme adultère : *" Va, et désormais ne pèche plus ! " (Jn 8,11b)* – Nous ne devons pas conclure pour autant que le passé n'a aucun poids. Cette femme vit s'ouvrir devant elle un nouvel avenir, alors que son passé la conduisait devant sa fin, par lapidation. Après que ses accusateurs furent partis, la femme resta seule en face de Jésus. Jésus marqua de l'intérêt pour cette femme, et non pour son péché.

Jésus manifeste toujours sa miséricorde envers les pécheurs, la compassion manifestée lorsqu'il se trouvait en leur présence surprenait et même scandalisait les pharisiens. Ils ne comprirent pas l'attitude de Jésus tant ils étaient préoccupés par le péché. En effet ils enfermaient les personnes dans des catégories. Voici ce qu'ils ont dit à Jésus : *" Dans la Loi Moïse nous a ordonné de lapider ces femmes-là. Et toi, qu'en dis-tu ? " (Jn 8,5)*

La femme qu'ils avaient amenée à Jésus n'était pas pour eux une personne avec un nom et une histoire. Elle était simplement » une de ces femmes-là Ne faisons-nous pas souvent la même chose, sur un plan personnel ou de manière plus générale : tel homme ou telle femme est ce genre de personne avec qui il n'est pas possible de dialoguer ?

Pour Jésus, personne n'appartient à une catégorie. Chacun est unique et doit être reçu, accepté et aimé comme une personne unique.
Les pharisiens invitèrent Jésus à agir comme un juge. et voilà Jésus traçant des signes sur le sol *(Jn 8,6)*, sans doute pour indiquer qu'il ne prenait aucun intérêt à ce qui était leur jugement. Quand ils persistèrent à l'interroger il leur cita simplement un passage de la *Loi (Jn 8, 7)*, mais en le modifiant *(une modification en fait lourde de sens)*

Selon la Loi juive, le témoin d'un crime devait lancer la première pierre lors de la lapidation d'un criminel-

En indiquant " Celui qui est sans péché " Jésus ramena les accusateurs à leur propre conscience. Ils partirent tous, l'un après l'autre, reconnaissant ainsi qu'ils étaient, eux aussi, pécheurs.

Notons que Jésus ne chercha pas à triompher à leurs dépens, manifestant ainsi de la bonté à leur égard. Il se pencha de nouveau vers le sol, pour leur laisser la possibilité de partir sans être humiliés. *(Jn 8, 8)*

Et lorsqu'ils furent tous partis *(Jn 8,9)*, Jésus s'adressa à la femme, ce qui la restaura dans sa dignité.
Elle accueillit à cet instant **la Parole de Vie** : " Va et ne pèche plus ! " *(Jn 8,11b)*

Que pouvons-nous retenir de ce récit ?

De cette page d'Évangile, retenons ce qu'est l'attitude de Dieu envers les pécheurs que nous sommes. Le péché de cette femme n'intéresse aucunement Jésus, Il ne le mentionne même pas. Il ne s'intéresse qu'à son avenir : " Va, et désormais ne pèche plus. " Jésus ne donne pas à cette femme une liste de recommandations et de mises en garde. Il lui laisse toute la possibilité d'organiser sa propre vie. Il ne la met pas en garde contre un péché en particulier ; il est plus exigeant : il lui rappelle l'importance de ne pas pécher du tout.

En ce temps de Carême Dieu veut que nos regards soient tournés vers la joie de La Résurrection : qu'au lieu de ruminer nos péchés passés nous nous acheminions d'un pas ferme vers une vie nouvelle où le péché n'aura jamais le dernier mot.

Dimanche des rameaux et de la passion

Liturgie

Le dimanche des Rameaux et de la Passion qui est le premier jour de la Semaine Sainte présente dans sa liturgie quelques particularités. La messe sera précédée de la liturgie des Rameaux qui est célébrée à l'extérieur de l'église.

Cette liturgie comprendra la prière de bénédiction des rameaux, la proclamation de l'évangile de Luc, au chapitre 19, versets 28 à 40 et sera suivie d'une procession rappelant le déplacement vécu par les foules de Jérusalem acclamant Jésus, le Messie.

À la suite des célébrants et des enfants de chœur suivis des autres enfants, tous les fidèles portant bien haut leurs rameaux bénis marcheront et entreront dans l'église en chantant. En raison de la liturgie des rameaux, la messe ne comprendra pas la préparation pénitentielle.

La liturgie de la Parole comprend un extrait du livre d'Isaïe *(Is 50, 4-7)*, le psaume 121, un extrait de la lettre aux Philippiens *(Ph 2, 6-11)* et la lecture de la Passion *(Lc 22, 14-23, 56)* selon Luc (lecture par séquences avec, entre les séquences, un court refrain chanté)

Note : Étant donné la longueur de cette célébration, il n'y a pas dans nos paroisses d'homélie propre à cette messe.

Dimanche de Pâques

Mise en condition

Le Christ est ressuscité, il est vraiment ressuscité ! L'exclamation joyeuse a retenti. Au petit matin, Marie-Madeleine se rend au tombeau : la pierre est roulée, le tombeau est vide ! Cette Résurrection est aussi le signe que nous pouvons être changés, que notre regard, notre intelligence, notre imagination, notre affectivité peuvent aussi être transformés.

Tous et toutes, chaque jour, dans toutes les composantes de notre personne, nous pouvons être emportés par la puissance de la Résurrection du Christ. C'est une grande et belle nouvelle.

Le Christ est vraiment ressuscité : Il est vivant. Rien d'autre n'est important. C'est important de le dire, il faut l'annoncer et il faut oser en témoigner autour de soi ! Il faut que cela se sache.

" *Il est vivant, nous en sommes témoins* " Notre foi s'enracine sur le témoignage des apôtres qui en ont rendu compte avec empressement, enthousiasme et rapidité *(première lecture)*. Leur message, c'est la vie, la passion et la résurrection de Jésus. La résurrection est aussi un relèvement. Elle agit en nous et nous met en communion avec les réalités de Dieu. *(deuxième lecture)*

Références dans la Bible : Ap10, 34a.37-43 ; Ps 117 ; Co 3, 1-4 ; Jn 20, 1-9

Homélie pour le jour de Pâques

En ce jour de Pâques, nous célébrons dans la joie la résurrection du Seigneur. C'est un fait établi, que tous les évangélistes nous rapportent : au matin de Pâques, le tombeau de Jésus est vide. Qu'en conclure ? On a enlevé le Seigneur pensera Marie Madeleine et tant d'autres après elle. Mais dans ce cas, on aurait emporté le corps avec le suaire et les bandelettes qui l'enveloppaient.

Lorsque Jean pénétra dans le tombeau à la suite de Pierre, il vit et il crut. C'est la disposition des linges bien rangés, qui semble avoir été un signe pour le disciple que Jésus aimait. En voyant le linceul affaissé sur lui-même comme si le corps avait été volatilisé et le linge de tête enroulé à sa place, Jean comprit qu'il n'avait pas été possible de sortir manuellement le corps, mais qu'il avait cessé d'exister physiquement à l'intérieur du linceul, toujours à sa place comme lors de l'ensevelissement.

Pierre ne comprit pas ces signes. Aucun signe n'est capable en lui-même de donner la foi à quelqu'un : il faut dépasser le " voir " pour " croire ". Jésus dira à Thomas : " *Heureux ceux qui ont cru sans avoir vu* » *(Jn 20, 29)*.

Jean est le modèle de la foi au Christ ressuscité parce qu'il croit sans voir. Il faut les yeux du cœur pour croire. Il faut les yeux de l'amour pour croire ! C'est à cause de cet amour que Jean courut le plus vite ! C'est à cause de cet amour qu'il crut le premier ! **Savons-nous voir et croire comme le disciple bien-aimé ?**

Dans sa lettre aux Colossiens, Paul écrit : " *Frères, vous êtes ressuscités avec le Christ. Recherchez donc les réalités d'en haut : c'est là qu'est le Christ, assis à la droite de Dieu.* " Ressuscité avec le Christ, le chrétien n'a plus qu'un objectif : poursuivre la mission du Christ qui est de conduire les hommes et l'univers entier vers le Père : agir ainsi, c'est rechercher les réalités d'en haut. , en évitant de se refermer sur le monde comme s'il se suffisait à lui-même. Relevons la tête, Christ est ressuscité ! Il nous montre le chemin vers son Père : le chemin de la joie éternelle !

La résurrection du Christ est déjà à l'œuvre au présent dans nos vies : elle est perceptible. Savons-nous voir les signes de la résurrection du Christ dans cette mère de famille qui, submergée par les soucis du ménage et des enfants, rayonne pourtant d'une joie profonde ?

Savons-nous voir les signes du Christ ressuscité dans ce jeune qui, dépassant son appétit du plaisir, consacre ses forces à susciter l'amitié entre ses copains ? Savons-nous voir les signes de la résurrection du Christ dans cet incroyant qui étonne par son souci des plus pauvres ? Savons-nous voir les signes de la résurrection du Christ dans ce vieillard qui attend la mort avec une calme espérance en l'amour de Dieu ?

La résurrection est en marche lorsqu'un homme ou une femme sort de son tombeau de haine et de violence, quand il s'arrache à la rancune qui le ronge pour le faire émerger dans la lumière de la paix et de la réconciliation. La résurrection est présente quand un homme ou une femme se libère du tombeau de son péché et accueille dans sa vie la joie du pardon de Dieu.

La résurrection du Christ est semée quand un homme ou une femme abandonne le tombeau de son échec, de ses déceptions paralysantes qui l'empêchent encore de croire à la vie, au bonheur, à l'amour et à lui-même tout simplement. Posons-nous la question : dans ma vie quel est le tombeau d'où le Christ m'appelle à sortir pour une nouvelle vie ? Sommes-nous les uns pour les autres signes de résurrection ?
Que le Christ que nous allons recevoir en communiant nourrisse en nous la vie éternelle !

Homélie prononcée en l'église de Petit Fayt le 27 mars 2005

Deuxième dimanche de Pâques

Mise en condition

Jésus que nous célébrons chaque dimanche, c'est lui qui nous rassemble et qui nous donne notre raison de vivre et d'espérer. C'est Jésus Christ, ressuscité des morts et bien vivant pour l'éternité *(deuxième lecture)*. Jésus est vivant pour toujours : tel est le cœur de la foi chrétienne, la source de vie pour toutes les personnes et dans cette optique, chaque dimanche est jour de fête et de *joie (Psaume 117)*. Par trois fois, dans l'Évangile de ce dimanche, Jésus dit : "La paix soit avec vous. "

La paix nécessite d'abord le pardon et sa source est l'amour absolu et infini de Dieu, trinité sainte. Par ses déclarations et par son exemple de vie, Jésus nous apprend la rencontre et le dialogue pour nous rapprocher les uns des autres. Pour la semaine qui vient, faisons un petit test : suis-je moi-même dans la paix ? Concrètement là où nous vivons, comment pouvons-nous agir pour faire grandir la paix ? Peut-être faut-il commencer cette semaine, par un petit geste ou une parole envers une personne avec qui la relation est difficile.

Références dans la Bible : Ac 5, 12-16 ; Ps 117 ; Ap 1-9-11a.12-13.17-19 ; Jn 20, 19-31

La miséricorde divine

Le deuxième dimanche de Pâques inaugure ce temps joyeux qui met en lumière le Christ ressuscité. Jean-Paul II, en avril 2000, a proclamé ce dimanche " Dimanche de la miséricorde divine. " La miséricorde, c'est le cœur qui se penche sur le malheur ou la misère des autres : elle se traduit par toutes sortes d'actions en faveur des plus démunis. Ce sentiment n'a pas que du cœur, il a donc aussi des mains.

La miséricorde de Dieu s'adresse d'abord au mal le plus profond qu'il y a en nous : notre péché. Par la suite, elle rejoint toutes sortes de maux qui nous affligent : maladies, infirmités, souffrances, épreuves diverses.

La miséricorde de Dieu prend sa source dans son amour éternel. Le psaume de ce dimanche le dit clairement : *" Le Seigneur est bon et son amour est éternel. " (Ps 117, 1)*. C'est parce que le Seigneur nous aime tous, qu'il n'est jamais indifférent à notre souffrance et particulièrement à celle que nous occasionne notre péché. C'est au nom de cet amour pour nous qu'il nous a envoyé son Fils unique, que celui-ci a souffert sa passion, est mort et est ressuscité pour notre salut.

Le premier objet de la miséricorde de Dieu est notre condition de pécheurs. Les Évangiles sont pleins de récits nous montrant l'attention toute particulière que Jésus porte aux pécheurs. Rappelez-vous son action auprès de la pécheresse publique, de la femme adultère, de Lévi, de Zachée, du paralytique introduit par le toit, du larron…

L'Ancien Testament fourmille également de passages où l'ont voit le même amour de Dieu pour les pécheurs. Cet amour de miséricorde s'exprime aussi envers les personnes qui souffrent d'un mal quelconque. Les Évangiles nous révèlent que Jésus est le témoin actif et éloquent de cette miséricorde. Voyez-le guérir les malades, rendre la vue aux aveugles, l'ouïe aux sourds, la marche aux boiteux et aux paralysés. Voyez-le réintégrer les marginaux dans la société.

La première lecture tirée des Actes des apôtres, nous présente l'Apôtre Pierre exerçant, au nom de Jésus, cette miséricorde envers les malheureux qu'il rencontre. Même son ombre réussit à leur apporter du réconfort et la guérison.

Deux conditions sont requises pour que la miséricorde divine puisse s'exercer : **reconnaître sa pauvreté et croire en la bonté du Seigneur.** Dans l'Évangile de ce jour, Thomas est un exemple signifiant de ces deux conditions. Il voit bien que sa foi est déficiente, il se sent démuni devant le fait de la résurrection du Seigneur ; à sa manière, c'est un pauvre, un malheureux, victime de son entêtement et de son aveuglement. Mais c'est en même temps quelqu'un qui a l'humilité d'accueillir Jésus, de l'écouter, de lui parler et de regarder les cicatrices de ses plaies.

Thomas, le pécheur, redevient croyant. Thomas, le faible, se sent aimé de Jésus au-delà de son doute. C'est pourquoi sa profession de foi est tout à fait magnifique : " Mon Seigneur et mon Dieu ! " lui dira t-il.

Croyons à la miséricorde infinie de Dieu qui nous aime tous, personnellement, sans aucune condition ni réserve.

Nous sommes les privilégiés du Seigneur : Il est toujours prêt à nous donner son pardon. Pourquoi nous en priver ? Par le Sacrement de la Réconciliation, le Seigneur nous témoigne de sa miséricorde infinie.

À notre tour, sans condition, soyons miséricordieux en nous efforçant de pardonner aux personnes qui nous ont fait du mal. Si nous sommes contents que le Seigneur nous pardonne nos fautes, comment pourrions-nous retenir notre pardon envers les personnes ayant fauté contre nous ?

A l'exemple de Pierre, appliquons-nous à aider, selon nos moyens et à notre façon, les plus malheureux que nous.

La miséricorde divine est le plus beau joyau du cœur de Dieu. C'est le plus grand cadeau qu'il puisse nous faire. Sa miséricorde nous délivre de notre faute et nous réconcilie avec lui, avec les autres et aussi avec nous-mêmes. C'est pourquoi notre foi en cette miséricorde est si grande.

homélie prononcée dans les églises de Naomé et de Bellefontaine le 17 avril 2004

Troisième dimanche de Pâques

Mise en condition

Dans les lectures pour la messe de ce dimanche, il est question de témoins. De la fantastique nouvelle de la résurrection du Christ, au matin de Pâques, les apôtres diront dans leur entourage : " *Nous en sommes témoins* " Les textes de ce dimanche nous font comprendre combien cela fut exigeant pour eux.

Références dans la Bible : Ac 5, 27b-41 ; Ps 29 ; Ap 5,11-14 ; Jn 21, 1-19

Suis-moi !

Dans nos pays de vieille tradition chrétienne, la foi en la résurrection est inacceptable pour beaucoup de personnes et même un certain nombre de pratiquants avouent ne pas y croire. Dans un sondage, publié le 27 mars 2010 dans l'Avenir de Namur, 5,7 % des personnes interrogées ont affirmé y croire. Beaucoup de croyants demeurent encore incertains devant ce fait.

Oui, croire en la résurrection du Christ est difficile et, pour ce troisième dimanche de Pâques, l'Évangile reconnaît que les apôtres eux-mêmes eurent bien de la peine à l'accepter. Pourtant, voilà des hommes et des femmes qui avaient suivi Jésus pendant des mois, avaient écouté ses prédications, assisté à ses guérisons miraculeuses, reçu des enseignements en privé où il leur révélait qu'il serait refusé, haï et finalement mis à mort avant de ressusciter.

Lorsque, ce matin de Pâques, quelques femmes du groupe revinrent en toute hâte du tombeau qu'elles venaient de découvrir vide, et où deux anges leur avaient affirmé que Jésus était ressuscité comme il l'avait prédit. Ces femmes furent reçues avec des moqueries. Pierre avait quand même voulu se rendre compte : il avait vu le tombeau vide et était reparti tout perplexe. Plus tard, deux disciples qui, complètement découragés, avaient quitté Jérusalem pour retourner à leur village d'Emmaüs, étaient tout à coup revenus en pleine nuit prétendant qu'ils avaient été rejoints par un voyageur inconnu qui leur avait fait comprendre le sens de la croix et, à la maison, ils l'avaient reconnu "à la fraction du pain : c'était vraiment Jésus !

> L'objet du témoignage chrétien restera toujours : Jésus est mort sur la croix et il est ressuscité. Ce témoignage nous concerne tous jusqu'à la fin des temps. La Bonne Nouvelle de Pâques provoque la conversion et le changement radical de vie.

Dans l'Évangile de ce dimanche, c'est l'Esprit Saint qui incite Pierre à aller pêcher. Et les apôtres de répondre *: " Oui, nous allons avec toi. " (Jn 21, 3)*

Cette dernière apparition de Jésus à ses disciples eut lieu dans le contexte de leurs occupations et soucis matériels. Jésus voulu retrouver de cette manière ses disciples, là où il les avait appelés à le suivre pour la première fois. Il voulut prendre part à leur travail. L'essentiel, c'est que Le Christ, est allé à la rencontre de ses apôtres au cœur même de leur action.

Nous avons là un exemple suprême de la collaboration que le Christ ressuscité offre à chaque personne. Peu importe le comment de sa présence. La joie, c'est qu'il soit là. Savons-nous le reconnaître vivant et agissant aujourd'hui ? Jésus donne l'exemple, il se comporte en pêcheur d'hommes, il repêche Simon Pierre, qui s'était enfoncé jusqu'au cou, par son reniement.

Jésus, par trois fois, lui tendit la perche : *" Pierre, m'aimes-tu ? "* Et Pierre répondit par trois fois "Oui", alors qu'il avait dit "Non" trois fois dans son reniement.
C'est une résurrection, un changement radical de vie pour Pierre.

La question posée trois fois à Pierre nous est posée aujourd'hui. C'est une question clé à laquelle une réponse affirmative entraîne une invitation nette et précise : *" Suis-moi. "*

homélie prononcée en l'église de Oisy le 25 avril 2004

> M'aimes-tu ? M'aimes-tu encore ? M'aimes-tu assez ? Mais si tu m'aimes, oublie tes infidélités comme je les oublie et suis-moi, nous dit sans cesse le Christ.

Quatrième dimanche de Pâques

Mise en condition

Jésus incarne et révèle la miséricorde de Dieu, il est celui qui au dernier jour rassemblera toute l'humanité. La promesse de la vie éternelle est un indice pour toutes les personnes qui le suivent : elles sont promises, avec lui, à la joie de la résurrection et de la fête éternelle. En serons-nous aussi ?

Références dans la Bible : Ac 13, 14.43-52 ; Ps 99 ; Ap 7, 9.14b-17 ; Jn 10, 27-30

Aujourd'hui, en cette Journée Mondiale de prière pour les vocations, les chrétiens du monde entier sont invités à réfléchir sur le sens des vocations presbytérales, religieuses et missionnaires, et à prier pour qu'elles soient encouragées, soutenues et bien accueillies dans tous les milieux.

Jésus avait dit aux Juifs : " *Je suis le bon pasteur, mes brebis écoutent ma voix, moi, je les connais et elles me suivent.*" *(Jn 10, 27)* Il ne faut pas minimiser cette expression que Jésus emploie pour nous faire comprendre quel est son programme de Pasteur des âmes : nous conduire vers le Royaume.

Dans tout le monde ancien, les rois se désignaient comme les pasteurs de leur nation. David, l'un des premiers chefs politiques d'Israël était un berger de Bethléem (1 Samuel 17, 34.35). Le roi idéal de l'avenir, le messie, le nouveau David, était annoncé comme un pasteur : " Je susciterai un pasteur qui les fera paître." (Ez 34,23).

Le modèle de tout pasteur et de tout maître, c'est Jésus, le bon berger, lumière de nos vies. Lui, doux et humble de cœur, il connaît ses brebis et ses brebis le connaissent. Il leur donne la Vie. Il leur livre sa propre vie. Et c'est là surtout que nous puisons une grâce quotidienne pour la bonne conduite de notre vie.

" *Mes brebis écoutent ma voix, je les connais et elles me suivent* " Jn 19, 27) (Les trois verbes prononcés ici, par Jésus, sont des verbes d'action.

Écouter : voilà une des attitudes essentielles pour la relation entre deux êtres. Savoir écouter, c'est un signe d'amour authentique ! Combien de fois, dans une réunion ou dans un groupe nous ne savons pas vraiment écouter. Écouter, c'est le début de la foi. Écouter la voix de Jésus, c'est accueillir sa Parole avec foi et confiance. C'est la Parole de Dieu qui rassemble tous les fidèles au Nom du Père et du Fils sous la mouvance de l'Esprit Saint. Écoutons-nous la voix du Bon Pasteur ? Le suivons-nous là où il nous appelle ?

Suivre : exprime une attitude libre ; suivre quelqu'un, c'est s'attacher à lui. Suis-moi disait Jésus (Jn 1, 43)

Connaître : c'est l'amour qui fait vraiment connaître quelqu'un, jusqu'à la transparence. Il s'agit de cette intimité, compréhension mutuelle, estime profonde, communion des esprits et des corps qui marque l'amour conjugal. *(Gn 4, 1)*

Quelle espérance pour nos routes de savoir que Jésus en personne est là. Jésus, qui, chaque jour, nous guide, nous éclaire et nous enseigne. Il nous défend et nous guérit. Lui, le Christ, il est le Pasteur de nos âmes, et il nous donne d'être nourris et abreuvés du pain et du vin consacrés de son Eucharistie. Merci Seigneur pour tout ce que tu fais pour nous.

En ce " DIMANCHE DES VOCATIONS ", il nous est demandé de prier le Maître de la Moisson de trouver des ouvriers pour sa Vigne, de trouver des pasteurs pour son peuple. Pour que la FOI s'affermisse dans l'ÉGLISE, il faut des éducateurs, des éducatrices de la FOI. Sur l'ordre de Jésus, il nous faut demander au Maître de la Moisson de choisir des ouvriers qui continueront à édifier le Royaume. Seigneur, donne-nous de bons prêtres et de bons diacres pour aider ton Peuple à avancer dans les voies de la sainteté.

Nos Pasteurs ont été choisis et consacrés pour prendre en charge le Peuple de Dieu. Ils continuent auprès de nous, la Mission de Jésus. Soyons dociles à leurs enseignements et travaillons avec eux pour maintenir l'UNITÉ demandée par Jésus. Avec ferveur, demandons au Seigneur de multiplier les appels en donnant force et courage à ceux qui sont choisis.

Pour suivre le Christ, il nous indique lui-même un moyen, une aide précieuse : il dit que ses brebis écoutent sa voix (évangile). Il est notre guide vers le Père et il a le souci de nous y conduire. Écoutons-nous vraiment sa voix ?

homélie prononcée en l'église de Bièvre le premier mai 2005

Cinquième dimanche de Pâques

Mise en condition

L'amour vécu à l'exemple du Christ, l'amour qui va jusqu'au don total de soi, sans exclusive et sans limites peut faire des merveilles, peut faire des choses nouvelles *(deuxième lecture)*. Faire mémoire du Christ ressuscité, c'est célébrer celui qui vit pour nous aujourd'hui et nous ouvre le monde de son amour.

Aimer à sa manière a une exigence particulière et permanente : il s'agit de regarder les autres avec son regard bienveillant, de leur dire des mots de paix, de leur partager ses gestes de tendresse, de leur faire découvrir son Évangile, de les inviter à sa Table. Pouvons-nous, à l'invitation du Christ, progresser en ce sens ?

Références dans la Bible : Ac 14, 21b-27 ; Ps 144 ; Ap 21 1, 5a ; Jn 13, 31-35

Je vous donne un commandement nouveau

Dans cet extrait de l'Évangile de Jean, les derniers mots de Jésus à ses disciples au cours de la dernière Cène ont été appelés son testament spirituel. Jésus ne donne pas à ses disciples une dernière série de préceptes ou de recommandations détaillées concernant ce qu'ils devront faire ou ne pas faire.

Ainsi lorsqu'il nous dit : "Je vous donne un commandement nouveau : c'est de vous aimer les uns les autres." *(Jn 13,34a)*, cela a un sens doctrinal : il s'agit beaucoup plus d'une mission que d'un commandement.

Et c'est par là que les gens sauront que nous sommes ses disciples ; c'est ainsi que nous serons ses témoins. " *Si nous nous aimons les uns et les autres alors Dieu demeurera en nous.*" (1 Jn 4,2)
Jésus a dit également : " *Si vous m'aimez, vous observerez mon commandement, et mon père vous aimera ; nous viendrons et nous ferons chez-vous notre demeure.* " *(Jn 14,23)*

> **Nous aimer les uns les autres est la mission que nous avons reçue de Jésus.**

Oui, chers amis, chères amies, l'amour véritable est une présence réelle de Dieu. Nourrir, vêtir, visiter, soigner les gens qui vivent des moments difficiles (maladie, perte d'emploi, précarité, abandon…), c'est rencontrer Jésus qui est présent en ces personnes qui ont besoin de moi et que je sers. *(Mt 25, 31.46)*

Et Jésus d'insister : " *Comme je vous ai aimés, vous aussi aimez-vous les uns, les autres* " *(Jn 13, 34b)* Aimer comme Jésus ! C'est se mettre aux pieds de nos frères pour leur laver les pieds, geste du plus humble service. Jésus fit ce geste à ses disciples le soir du Jeudi Saint où il nous a dit l'essentiel. Si vous voulez devenir vraiment son disciple, il faut faire comme lui : lavez les pieds de vos frères ! L'amour fraternel se traduit concrètement par le service.

Deux séries de Paroles de Jésus, les Béatitudes et le Jugement dernier, mettent les points sur les "i" : servir Dieu, servir le Christ, c'est servir les pauvres. Le signe auquel on reconnaît les disciples de Jésus n'est pas seulement aller à la messe. Ce qui montrera à tous que vous êtes mes disciples, nous dit, avec autorité, Jésus, c'est l'amour que vous aurez les uns pour les autres.

Donner à boire à l'assoiffé, à manger à l'affamé, un vêtement à celui qui ne peut en acheter car trop pauvre, faire une visite d'amitié à un malade, c'est aimer en vérité, c'est rencontrer Dieu lui-même ! Les exigences d'un tel amour peuvent nous sembler démesurées et nous laisser dans le désespoir : jamais nous n'y arriverons !

" Comme je vous ai aimés, aimez vous les uns et les autres " - Jésus le dit à chaque personne.

Parce que Moi, Jésus, je t'aime, et je te donne l'amour infini de mon Père, laisse-toi aimer comme un enfant qui se laisse prendre dans les bras de sa maman et de son papa. Viens vers moi. Si tu viens vers moi, je pourrai déverser en toi la puissance de l'Amour même qu'est Dieu. Ainsi tu trouveras la force d'aller au delà de tes capacités et tu pourras, jour après jour, apprendre à aimer les autres, comme moi je t'aime.

> **Oui, Seigneur, je veux venir vers toi, car tu as les Paroles de la vie éternelle.**

Sixième dimanche de Pâques

Mise en condition

La veille de sa mort Jésus s'apprête à quitter ses disciples. Mais il ne les laissera pas orphelins. Ils le reverront vivant lors des apparitions pascales. La joie de Pâques durera jusqu'à la fin du monde. Joie de Paul et de Barnabé (première lecture) qui virent s'épanouir les premières communautés paroissiales. Joie de leurs membres, qui savaient s'aimer comme Jésus nous a aimés.

Références dans la Bible : Ac 15, 1-29 ; Ps 66 ; Ap 21, 10-23 ; Jn 14, 23-29

Si quelqu'un m'aime, il restera fidèle à ma parole

" Si quelqu'un m'aime, il restera fidèle à ma parole ; mon Père l'aimera, nous viendrons chez lui, nous irons demeurer auprès de lui. " (Jn 14,23) Jésus nous promet que Dieu viendra habiter au cœur des personnes qui l'accueillent et croient en lui. Autrement dit, il ne sera reconnu comme présent que par les gens qui l'aiment vraiment.

Dans notre monde, on admire Jésus comme modèle, on a rien contre lui mais on le laisse de côté en professant : "Je suis croyant non pratiquant" C'est tout aussi absurde que de dire : "J'ai faim mais je ne mange pas." Jésus est bien vivant et il agit toujours dans le monde. Son message devrait nous faire réfléchir. Le Christ affirme être présent par les vrais croyants en qui il demeure.

"Si quelqu'un m'aime, il restera fidèle à ma parole" - Entre les personnes qui s'aiment, il y a écoute, dialogue, parole, communication. Rien de pire dans un couple, que de ne pas écouter, de ne pas se parler. La communication permet l'adaptation. Elle est indispensable pour vivre ensemble. Si on parle à l'autre, on peut s'ajuster, connaître ses nouveaux désirs et y répondre.

Les paroles de Jésus sont Paroles d'Amour. Les gestes ne suffisent pas : un sacrement n'est valide que s'il y a eu un geste (eau du baptême) et une parole (je te baptise). En amour c'est pareil. À chacun de trouver ces paroles heureuses qui jaillissent du cœur.

Jésus nous parle d'une Parole à laquelle on est fidèle, d'une parole mise en pratique : **"Aimez- vous les uns les autres comme je vous ai aimés."** Jésus nous parle d'une Parole qui, étant vécue, le rend réellement présent. "Quiconque accueille un de ces petits m'accueille" (Mt 18,5). La présence du Christ ressuscité et vivant cela peut se voir concrètement dans la vie des vrais disciples. Pour ce faire, conduisons-nous en amis de Jésus, le Christ, par le témoignage de notre vie obéissante aux appels du Père. Conduisons- nous en amis de Dieu par un véritable amour fraternel les uns pour les autres, par une prière qui manifeste notre joie de passer du temps avec notre ami.

Ascension du Seigneur

Mise en condition

La fête de l'Ascension marque une rupture dans la relation de Jésus avec ses disciples : absence physique auprès des siens et commencement du temps d'une autre présence. En instituant l'Eucharistie, mémorial de sa passion et de sa résurrection, Jésus a donné à l'Église le mystère de sa présence aimante et agissante. Célébrer le mystère de l'Ascension, c'est proclamer que le ciel est la destinée de toute personne. Toute personne est aimée pour elle-même. Nous sommes attendus dans le cœur de Dieu et dans sa gloire. Le Christ, une fois pour toutes *(2ième lecture)* nous a obtenu cette promesse d'éternité bienheureuse.

Références dans la Bible : Ac 1, 1-11 ; Ps 46 ; Ep 1, 17-23 ; Lc 24, 40-53

Dans cet extrait de l'évangile de Luc, l'évangéliste condense en vingt-quatre heures les apparitions de Jésus, le jour de Pâques ; elles s'achèvent le soir même par l'Ascension de Jésus au ciel. L'Ascension, dans le récit de Luc, n'est donc pas séparée de Pâques par quarante jours comme dans les Actes des Apôtres. Pour l'évangéliste Luc, Pâques, c'est déjà l'Ascension. Cette présentation différente de celles des autres évangélistes a le mérite de nous éviter de concevoir l'Ascension de Jésus d'une manière trop matérielle, comme s'il s'élevait dans les hauteurs pour gagner un ciel placé au-dessus de nos têtes. **L'Ascension , c'est donc Jésus ressuscité emporté près de Dieu, dans la gloire.**

Vous en êtes témoins

Jésus disait à ses disciples : *" Il est écrit que le Christ devait souffrir et ressusciter des morts le troisième jour, et qu'on devrait prêcher en son nom à toutes les nations, en commençant par Jérusalem, la repentance et la rémission des péchés. Vous en êtes témoins. "* (Lc 24, 46-47)

Durant sa vie parmi nous, Jésus s'est choisi des disciples, et notamment ceux qui furent appelés Apôtres, c'est-à-dire les envoyés du Christ, les messagers de la Bonne Nouvelle du Salut. Car il fallait que l'œuvre de Jésus continue après son départ vers le Ciel, là où il est pour l'éternité dans la gloire de son Père et dans l'amour de l'Esprit Saint.

Les disciples de Jésus furent choisis spécialement car ils étaient appelés à le suivre dans sa vie et dans sa mort. Parmi les douze Apôtres, tous moururent martyrs, ayant offert leur vie pour la cause de l'Évangile, à la suite du Christ. Il n'y a que saint Jean qui mourut de vieillesse, mais les tourments ne lui furent pas épargnés durant sa vie.

Oui ! Les disciples du Christ, les Apôtres furent des témoins de la vie du Christ et ils la reproduisirent dans leur vie même. Ils témoignèrent jusqu'à la fin de tout ce qu'ils avaient vu en Jésus : Passion et Résurrection, ignominie et gloire, mort et vie !

Saint Jean l'a noté dans sa première épître : *"Ce qui était dès le commencement, ce que nous avons entendu, ce que nous avons vu de nos yeux, ce que nous avons contemplé et palpé de nos mains touchant le Verbe de vie, nous vous l'annonçons afin que vous soyez, vous aussi, en communion avec nous." (1 Jn. 1, 1-3)*

Et aujourd'hui, l'Église annonce, elle aussi, la Bonne Nouvelle du Salut, à la suite des Apôtres et en communion avec eux : aujourd'hui encore, il y a sur terre des témoins de la Passion et de la Résurrection du Christ. Ce sont maintenant des témoins de la foi annonçant l'Évangile, des témoins qui ont vu et touché le Christ par la foi, par l'espérance, par la charité. Ils l'ont vu par la foi, sans l'avoir vu et sans l'avoir touché. Aujourd'hui, les témoins de l'Évangile sont les bienheureux dont parle Jésus lorsqu'il dit : *" Heureux ceux qui croient sans avoir vu. ! " (Jn. 20, 29)*

"Il les conduisit alors vers Béthanie. Élevant les mains, il les bénit. Pendant cette bénédiction il se sépara d'eux et s'éleva au ciel. Eux se prosternèrent pour l'adorer, puis retournèrent à Jérusalem tout remplis de joie. " (Lc 24, 53) Oui ! Pour ce dernier rendez-vous avec Jésus, les Apôtres furent témoins de la gloire du Ciel., et contents d'avoir vu leur Seigneur dans la Gloire après avoir assisté à sa Passion, ils devinrent ses témoins et se mirent à enseigner avec ferveur dans Jérusalem et aux alentours.

L'Église aussi est invitée à participer à la joie du Ciel. Aujourd'hui encore, et chaque jour de notre vie, nous pouvons nous souvenir de Jésus qui est dans la gloire du Ciel. C'est ce que nous allons faire au cours de cette célébration. L'Eucharistie est le mémorial de la Passion et de la Résurrection du Seigneur. Demandons à Marie, qui fut présente à tous les moments importants de la vie de son Fils, de nous aider à croire à la Vie éternelle qui est en Jésus et qui nous est donnée dans son Eucharistie.

homélie prononcée en l'église de Naomé le 19 mai 2004

Septième dimanche de Pâques

Mise en condition

Toutes les lectures de la messe de ce dimanche insistent sur la prière. Prier, nous le voyons à travers ces exemples de l'Écriture, c'est d'abord désirer pour nous-mêmes ce que nous demandons à Dieu et nous offrir à lui pour le réaliser. Lorsque nous prions le Seigneur, au moment de l'anamnèse, en lui disant : "Viens Seigneur Jésus", est-ce que nous le désirons réellement ? Qu'est-ce que cela change dans notre manière de vivre, de penser, d'aimer les autres ? Car c'est bien d'amour qu'il s'agit, comme Jésus nous le rappelle dans l'Évangile. Nous ne pouvons désirer le Seigneur qu'en désirant aimer comme lui.

Références dans la Bible : Ac 7, 55-60 ; Ps 96 ; Ap 22, 14.16-20 ; Jn 17, 20-26

Être un en Dieu

Dans la cour de récréation, trois enfants discutaient : "Mon papa à moi, il est fort ! Tu verrais ça !", dit le premier. "Et le mien, il est très intelligent, très savant, il est ingénieur à la centrale nucléaire de Tihange.", répond le deuxième. Le troisième d'ajouter : " Le mien, il a plein de décorations, c'est un officier de la caserne de Flawinne, lui et ses compagnons d'armes travaillent avec la KFOR pour construire la paix dans des régions troublées."

Vous avez tous entendu ces discussions de petits où chacun, en parlant de son père, essaie de renchérir sur le copain pour avoir une raison d'être encore plus fier que lui de son père, fier d'être le fils d'un tel père. Jésus, Lui, n'a pas voulu se réserver de façon exclusive sa gloire de Fils de Dieu, la gloire, la fierté d'avoir Dieu Lui-même pour Père. Il a voulu, dans toute la mesure du possible, nous associer à cette gloire, à cette fierté, comme Il veut nous faire communier à l'amour que le Père a pour Lui.

Il veut que nous communiions à la joie qu'Il goûte auprès du Père : *" Père, je veux que là où Je suis, ceux que tu m'as donnés (les disciples d'abord, puis les autres croyants) s'y trouvent avec Moi. Je leur ai donné la gloire que tu m'as donnée. Je leur ai révélé ton Nom (ton nom de Père) pour que l'amour dont tu m'as aimé soit en eux ! " (Jn 17, 24-26)*

Voilà ce que Jésus demande pour nous tous, les croyants, dans cette prière d'action de grâces, après la première de toutes les messes, le Jeudi Saint.

Quel honneur ! Quelle gloire ! Quelle chance d'avoir Dieu Lui-même comme Père. C'est la gloire, la fierté de Jésus-Christ, c'est la nôtre, puisqu'il a bien voulu nous faire participer à sa divine filiation.

Savoir communiquer est essentiel pour tous. Quel est le sens de cette communication dans le plan de Dieu ? Jésus a envoyé ses disciples communiquer son message à toutes les nations. Et l'Évangile d'aujourd'hui est le plus bel exemple de la communication de Jésus : d'abord avec son Père, dans sa prière lors de la dernière Cène, partagée ensuite avec ses disciples durant ce même repas.

Ces communications de Jésus avancent autour de deux thèmes : celui de l'amour et celui de l'unité. Ces deux thèmes sont reliés l'un à l'autre et ils sont inséparables.

La vocation ultime de toute l'humanité est d'être **une** en Dieu : " *Qu'eux aussi soient un en nous, afin que le monde croie que c'est toi qui m'as envoyé* " *(Jn 17, 21b)*

Il n'y a pas d'amour et il n'y a pas d'unité sans communication, sans partage. L'unité est d'abord partage et réciprocité. " Vous en moi et moi en vous " : c'est l'objet de la prière de Jésus pour l'unité de ses disciples.

Comment croire que la mort du Christ puisse rassembler dans l'unité, autour du Père, les enfants de Dieu dispersés, si les membres de l'Église ne sont pas unis ?

Quel spectacle offrons-nous dans nos familles, nos équipes, notre communauté chrétienne ? Offrons-nous celui de gens unis dans le même amour, le même respect des autres et de leur personnalité ou celui de gens profondément désunis ?

Tout ce qui favorise l'unité, la coopération, la compréhension et l'amour entre les individus, les groupes et les nations, vient de Dieu et tout ce qui crée ou entretient les divisions, la méfiance, la peur, la confrontation vient du démon.

L'unité nous oriente toujours vers le respect des autres. Elle est l'œuvre de l'Esprit-Saint. Ô Dieu, Notre Père, rassemble-nous dans l'unité et rends-nous accueillants à ta Parole !

homélie prononcée dans les églises de Naomé et de Bellefontaine le 22 mai 2004

Solennité de la Pentecôte

Mise en condition

La Pentecôte c'est la naissance de l'Église universelle. Plus de barrières de langues, de races, de nations. Sachons nous accepter différents. Que l'Esprit Saint nous apprenne à nous comprendre et à nous pardonner et nous pourrons alors vivre de sa vie.

Le jour de la Pentecôte, les apôtres reçurent l'Esprit Saint ! Cette grande fête, qui clôt le temps pascal, est pour nous un mystère. *" Vivre en plénitude et pour toujours ! "* Tel fut le cri spontané de l'homme dès son origine. Mais le péché qui fut le sien l'enferma en lui-même et le conduisit à l'échec. La vraie vie c'est l'Esprit, et elle nous est offerte, affirme la révélation chrétienne. Dieu en sa réalité la plus profonde est échange et don. La Pentecôte, fête de l'Esprit Saint, marque l'aboutissement de Pâques. C'est à partir d'elle et avec elle que s'affirme le renouvellement d'un monde recréé par Dieu.

Références dans la Bible : *Ac* 2, 1-11 ; Ps 103 ; Rm 8,8-17 ; Jn 14, 15-16, 23b-26

Il vous fera comprendre tout ce que je vous ai dit

" Si quelqu'un m'aime, il restera fidèle à ma parole ; mon Père l'aimera, nous viendrons chez lui, nous irons demeurer auprès de lui. Celui qui ne m'aime pas ne restera pas fidèle à mes paroles " (Jn 14, 23-24a) Voilà la seule manifestation que Dieu a décidé de faire : il vient habiter au cœur des gens qui l'accueillent et croient en lui. Il ne sera reconnu comme réellement présent que par les personnes qui l'aiment vraiment.

" Si quelqu'un m'aime, nous viendrons chez lui. " Le Christ affirme être désormais présent par les personnes qui l'aiment, par les vrais croyants, en qui il demeure. Entre les personnes qui s'aiment, il y a écoute, dialogue, parole, communication.

" La Parole que vous entendez n'est pas de moi ; elle est du Père, qui m'a envoyé. " (Jn 14, 24b) Jésus nous révèle, ici, une des bases de la vie chrétienne véritable : la méditation de la Parole comme un sacrement de la présence de Dieu.

Dans ce discours d'adieu, du Jeudi Saint au soir, Jésus parle d'une parole à laquelle on est fidèle, d'une parole vécue, c'est à dire d'une parole qui est mise en pratique. La Parole de Jésus n'est pas une chose, c'est quelqu'un. Jésus étant parti, il y a un autre qui vient prendre le relais, envoyé par le Père au nom de Jésus : c'est l'Esprit Saint.

L'Esprit Saint n'ajoute rien à Jésus, comme Jésus n'ajoutait rien au Père. Ce sont trois qui ne font qu'un ! L'Esprit Saint est celui qui communique toute la vie de Dieu à l'humanité. C'est l'Esprit Saint qui aidera l'Église à comprendre progressivement le don de Dieu, révélé en Jésus Christ. Et aujourd'hui, l'Esprit Saint est toujours à l'œuvre. Je suis avec vous jusqu'à la fin des siècles, disait Jésus. L'Église a encore beaucoup à comprendre, à découvrir et à vivre et cela, est encore plus vrai pour chacun de nous.

Il est important de saisir que la fête de la Pentecôte *(première lecture)* n'a pas eu lieu seulement pour les apôtres. Le vent violent a été perçu aussi par une multitude d'hommes et de femmes à Jérusalem et chacun entendait proclamer dans sa propre langue les merveilles de Dieu. *(Ac 2, 5-11)*

Pour qu'une personne reconnaisse dans la parole d'une autre la Parole de Dieu, il y faut l'action de l'Esprit Saint. *"C'est donc l'Esprit Saint lui-même qui affirme à notre esprit que nous sommes enfants de Dieu "* (Rm 8 , 16)

La fête de la Pentecôte est non seulement la fête de la naissance de l'Église par les pouvoirs transmis aux apôtres, mais elle est aussi la fête du renouvellement du monde par l'action de l'Esprit Saint, qui conduit progressivement toute l'humanité à la compréhension du message de Jésus. *" L'Esprit Saint, que le Père enverra en mon nom, vous enseignera toutes choses et vous remettra en mémoire tout ce que je vous ai dit ! "* (Jn 14, 26)

> Prions l'Esprit Saint de nous enseigner à comprendre et à vivre l'Évangile aujourd'hui.

homélie prononcée dans les églises de Morialmé et de Oret le 23 mai 2010

La Sainte Trinité

Mise en condition

À la lecture des évangiles nous découvrirons que les apôtres n'ont découvert que progressivement le mystère de la personne de Jésus. D'abord, ils l'ont considéré comme étant un prophète : c'est vraiment lui le prophète qui doit venir (Jn 6, 14) ; un grand prophète a surgi parmi nous (Lc 7, 16) ; c'est le prophète Jésus de Nazareth (Mt 21, 11).

Ensuite ils virent en Jésus un maître en Écriture : " Maître, tu enseignes en toute droiture (Mt 22, 16) ; tu enseignes la voie de Dieu selon la vérité (Mc 12, 14b).

Plus tard, ils reconnurent en lui le Messie : " *Nous avons trouvé le Messie (ce qui signifie le Christ), dit André à Simon Pierre.* " (Jn 1, 41) et enfin le fils de Dieu révélé dans sa mort et sa résurrection : " *Et moi je l'ai vu, et j'ai rendu témoignage que celui-là est le Fils de Dieu. (Jn 1, 34) Dieu envoya son Fils, né d'une femme. (Ga 4, 4) Dieu a envoyé son Fils comme sauveur du monde.* " (1 Jn 4, 14)

Leur connaissance du mystère de Dieu s'effectua selon la même progression : de la constatation de l'intimité que Jésus avait avec Dieu, ils découvrirent progressivement sa relation filiale avec Dieu, grâce à l'action de l'Esprit Saint, dont le rôle a été de leur faire prendre conscience de la signification de leur expérience de vie avec Jésus (Jn 16, 12-15).

Références dans la Bible : Pr 8, 22-31 ; Ps 8 ; Rm 5, 1-5 ; Jn 16, 12-15

Bien-aimés de Dieu, Trinité d'amour

Quand il s'agit de parler de Dieu, aucune expression ne peut prétendre dire pleinement et parfaitement qui Il est. Ce que nous pouvons en dire de mieux, c'est ce que Jésus nous a révélé. Dieu est Père, Fils et Esprit. Nous privilégions ces trois noms et nous les considérons comme les trois plus beaux noms de Dieu.

Aujourd'hui, en cette fête de la Sainte Trinité, nous sommes invités à contempler Dieu sous ces trois beaux noms. Nous pouvons ainsi saisir l'occasion de reconnaître les dons de la famille divine comme ce que nous devons, sur un autre plan, à notre père et à notre mère.

Ces dons peuvent se résumer dans trois bienfaits essentiels.

1° **le don de la vie,** don de Dieu créateur. En son Fils, il nous appelle à la vie éternelle : *"Je suis venu pour que les hommes aient la vie et qu'ils l'aient en abondance. (Jn 10, 10).*

2° **Prendre par la main** : Cette expression exprime bien le précieux et affectueux accompagnement dont nous avons été l'objet. Nos parents nous ont pris par la main, portés dans leurs bras, serrés sur leur cœur. Ils nous ont protégés et consolés. Dieu, Père de tendresse, nous a pris par la main et nous a fait entrer dans sa famille. Par le baptême, au nom du Père, du Fils et du Saint-Esprit, il a fait de nous ses héritiers, héritiers avec le Christ.

3°.**Transmettre un patrimoine :** celui de nos valeurs humaines et spirituelles. La mission éducatrice des parents est de transmettre les valeurs qu'ils ont eux-mêmes reçues en y ajoutant celles qu'ils ont acquises.
Par son Fils, Jésus, le Père nous a transmis les valeurs infinies de sa vie. De sa plénitude, tous, nous avons reçu, et grâce sur grâce. La grâce et la vérité nous sont venues par Jésus-Christ. (Jn 1, 16-17).

Le message évangélique central : " Aimez-vous les uns les autres comme je vous ai aimés ", n'est pas seulement un précepte à pratiquer ; c'est la transmission de la valeur suprême qui fait vivre Dieu Père, Fils et Esprit, car Dieu est Amour.
Fêtons donc Dieu notre Père et célébrons le mystère de Dieu en lui-même, pour lui-même. Nous sommes renvoyés au cœur de notre foi chrétienne. Le ministère public de Jésus commence par son baptême dans les eaux du Jourdain, lorsque qu'il descendit dans les eaux du fleuve pour y être baptisé par Jean. L'Esprit descendit sur lui sous la forme d'une colombe, et il entendit la voix du Père disant : *" Tu es mon fils bien-aimé, en qui j'ai mis mes complaisances." (Mc 1, 11 ; Mt 3, 17 ; Lc 3, 22)*

Plus tard, lors de sa dernière apparition à ses disciples, après sa Résurrection, au moment de les quitter, il leur commanda d'aller enseigner toutes les nations, d'en faire des disciples et de les baptiser au nom du Père, et du Fils, et du Saint-Esprit. (Mt 28, 19)

Jésus nous enseigne que son Père et Lui sont un, unis par l'Esprit d'amour qui leur est commun. Et, il nous révèle que nous aussi nous sommes appelés à vivre la même relation. Dieu est amour, Dieu est communauté de personnes s'aimant dans l'unité du saint Esprit.

Célébrer, c'est chanter la louange, rendre grâce, bénir, adorer, et c'est aussi parler. Chacun d'entre nous peut et doit rendre témoignage de sa foi au Dieu unique et Trinité, dans sa vie de tous les jours.

homélie prononcée en l'église de Saint Aubin le 3 juin 2007

Fête du Saint Sacrement

Mise en condition

Comme à la messe, le repas que Jésus offrit à cette foule commença par une liturgie de la Parole. La nourriture, que Jésus lui offrira après cet enseignement n'était pas destinée seulement à calmer la faim de ces personnes, même si, d'abord, elle joua ce rôle : *" Car l'homme ne vit pas seulement de pain ! " (Lc 4, 4)*

Parents et éducateurs ont une mission importante que Dieu leur à confiée : vos enfants ne sont pas que des bouches à nourrir ni que des intelligences à développer, ils sont aussi des âmes à ouvrir à la dimension spirituelle.
Mathieu précise et va plus loin en notant dans son récit : *" Ce n'est pas seulement de pain que l'homme doit vivre, mais de toute parole qui sort de la bouche de Dieu. " (Mt 4, 4)*

Ce qui veut dire que le soin de ton ventre ne doit pas être ta première préoccupation. Tu dois travailler pour gagner ta vie et ton pain, mais tu dois aussi travailler pour gagner ta vie éternelle. Et pour nourrir ton âme à la vie éternelle, il y a les paroles qui sortent de la bouche de Dieu.

Références dans la Bible : Ge 14, 18-20 ; Ps 109 ; 1 Co 11, 23-26; Lc 9, 11-17

Le Saint Sacrement du Corps et du Sang du Christ

Longtemps avant la venue de Jésus Christ, Melchisédech *(première lecture)* offrit à Dieu du pain et du vin en sacrifice. Des Pères de l'Église et les premiers chrétiens virent dans cette offrande un signe de l'Eucharistie. Melchisédech annonça le geste de Jésus comblant le peuple au nom de Dieu par le don du pain, il préfigura ainsi le geste eucharistique de Jésus.

C'est aujourd'hui la fête du Très Saint Sacrement du Corps et du Sang du Christ, c'est la fête du Saint Sacrement de l'amour de Dieu pour l'humanité. En cette fête, l'Église nous invite à la méditation à partir du récit de la multiplication des pains, rapporté par Luc.

" Jésus parlait du règne de Dieu à la foule, et il guérissait ceux qui en avaient besoin. Le jour commençait à baisser. Les Douze s'approchèrent de lui et lui dirent : renvoie cette foule afin qu'elle aille dans les villages et les fermes des environs pour y loger et trouver de quoi manger car ici, nous sommes dans un endroit désert. " (Lc 9, 11b-12). Mais Jésus invita ses apôtres à rester solidaires de cette foule *: " Donnez-leur vous-mêmes à manger ! " (Lc 9, 13a)*

"Donnez-leur vous-mêmes à manger." Aujourd'hui encore cet ordre s'adresse aux disciples du Christ ; ceux qu'il a choisis dans son Église ont reçu cet ordre : " *Faites ceci en mémoire de moi.* " *(2ième lecture)*. Les ministres de l'Église ont pour mission de donner à manger au Peuple de Dieu : ils sont ordonnés pour donner aux fidèles le Pain de Dieu, le Pain de Vie, après leur avoir expliqué la Parole du Seigneur, cette nourriture spirituelle dont notre âme a sans cesse besoin. L'homme ne vit pas seulement de pain, mais de toute parole qui sort de la bouche de Dieu.

Parole de Dieu, Parole de Vie

À partir des cinq pains et des deux poissons que les apôtres lui donnèrent, Jésus rassasia tous ceux qui l'avaient suivi. (Lc 9, 13b-17) Dès les premiers mots, Luc veut que nous aillions jusqu'au bout de la signification de son récit. Comme à la messe, le repas que Jésus offrit à la foule commença par une liturgie de la Parole. Il faut être là dès le début pour se nourrir de ce Jésus qui parle du **Règne de Dieu**. La voici donc la Parole qui libère les hommes, le message qui ouvre l'humanité entière à Dieu.

Connaissez-vous votre vrai besoin ? Êtes-vous conscients que votre seul rassasiement véritable est Dieu lui-même ? L'humanité a faim, l'humanité a soif. Elle recherche la vie.

Le fruit gorgé de vie a mûri sur le bois de la Croix : il est la nourriture véritable et la vraie boisson qui rassasie et désaltère notre cœur. Il est partage de la vie divine. *" Celui qui mange ma chair et boit mon sang demeure en moi et moi en lui. "* (Jn 6, 56)

" Jésus prit les cinq pains et les deux poissons et, levant les yeux au ciel, il les bénit, les rompit, et les donna à ses disciples pour qu'ils les distribuent à tout le monde. " (Lc 9,17).

Il est certain que Luc ait choisi ces mots pour rappeler le rituel de l'Eucharistie. C'est la même succession des quatre gestes sacrés que l'on retrouve dans le récit de la Cène du Jeudi Saint ainsi que dans celui du repas d'Emmaüs. Quand le prêtre, serviteur de Jésus, refait parmi nous, au cours de la messe, ces quatre gestes de Jésus, c'est Jésus qui les refait vraiment pour nous et se rend présent. L'Eucharistie peut nous faire rencontrer dans la foi le Christ ressuscité, vainqueur du mal et de la mort, sauveur de l'homme.

Ce pain rompu et donné est le signe que Dieu a choisi pour être avec nous. Ce pain, c'est la personne même de Jésus qui nous est donnée. Célébrons donc dans la joie et l'action de grâce cette fête du Très Saint Sacrement, fête de la présence du Christ parmi les hommes. Recevons le Corps du Christ avec une grande foi, et un amour sincère Que sainte Marie, la mère du Christ Sauveur, nous aide à accomplir un acte si profond et si magnifique.

homélie prononcée dans les églises de Naomé et de Bièvre le 12 juin 2004

Le temps ordinaire de l'Église

Deuxième dimanche du temps ordinaire

Mise en condition

Toute la Bible est une histoire d'amour, une histoire d'Alliance. Dans les textes de ce dimanche, l'image est encore plus forte : c'est l'image des épousailles entre Jérusalem et le Christ *(deuxième lecture)*, entre le Christ et l'Église. Dans le récit des noces de Cana *(évangile)* où Jésus donne le premier signe du Royaume, les circonstances qui entourent celles-ci, tout autant que le miracle qui s'y accomplit, sont typiques du symbolisme habituel de saint Jean. Pour lui, toute réalité humaine peut être évocatrice de la vie éternelle. Saint Jean n'emploie jamais le terme de Royaume, il préfère parler de "vie" ou de "vie éternelle".

Par l'incarnation de son Fils, Dieu a épousé toute l'humanité. Dieu qui est amour infini, trouve sa joie en chaque personne et c'est toujours avec tendresse qu'il murmure à chacune, au milieu de ses épreuves et de ses moments de doute, de ses moments difficiles : " Tiens bon, je suis là et je t'aime, va, puisque je crois en toi, tu seras la joie de ton Dieu."

Références dans la Bible : Is 62, 1-5 ; Ps 95 ; 1P 12, 4-11 ; Jn 2, 1-12

Faites tout ce qu'il vous dira.

Le prophète Isaïe prêchait la confiance à ses compatriotes, malgré toutes les apparences d'échecs : On ne t'appellera plus la délaissée, disait-il, on n'appellera plus ta contrée " Terre déserte ", mais on te nommera "La préférée " ; on nommera ta contrée " Mon épouse ", car le Seigneur met en toi sa préférence. (Is 62, 4). Nous trouvons ce langage dans les relations de Jésus avec son Père : *"Tu es mon Fils, en toi j'ai mis tout mon amour "*. Ce langage, Jésus l'utilise dans la vie quotidienne.

Dieu a voulu, par le Christ, épouser notre condition humaine : cette marque de tendresse nous remplit-elle de joie ? Renforce-t-elle notre certitude que nous sommes aimés d'amour par Dieu, que tout être humain est ainsi aimé par lui ?

Nous accueillons aujourd'hui, par l'Évangile, le témoignage de Marie sur le Christ. Saint Jean ne parle d'elle que deux fois, dans son Évangile, sans jamais mentionner son nom. Ici comme au pied de la croix, elle est définie par rapport au Messie : elle est **"sa mère"**.

Marie reconnaît en lui la sagesse de Dieu. Elle lui rend témoignage en employant les mots de Pharaon qui avait, reconnu la sagesse de Dieu en Joseph, le fils de Jacob et de Rachel, en disant aux Égyptiens : *" Allez à Joseph, et faites tout ce qu'il vous dira."(Gn 42, 55)*

Marie nous invite donc à reconnaître son Fils. Si elle prend l'initiative de l'action, c'est pour mieux s'effacer aussitôt devant lui, comme Jean Baptiste le fit. *(Lc 3, 15-16)*

L'élément central du récit, ce sont les six jarres de pierre qui servaient aux ablutions que faisaient les Juifs pour se purifier. Elles sont de pierre, comme les tablettes sur lesquelles Moïse grava les dix commandements de Dieu *(Ex 20, 1-17)*. Ces jarres, qui étaient vides, avant l'intervention de Jésus, représentent l'Ancienne Alliance où l'homme vivait dans la peur, obsédé par la tension entre le pur et l'impur, le permis et le défendu, et essayant de se libérer de son sentiment d'impureté à travers des ablutions rituelles.

C'est à cette religion du pur et de l'impur, des ablutions et des sacrifices que Jésus vient substituer une religion d'amour symbolisée par le vin nouveau de l'Esprit. Cette loi Ancienne, Jésus dira un jour qu'il n'est pas venu l'abolir mais l'accomplir.

Le contexte est celui d'une noce où le vin vint à manquer. L'enjeu pour Jésus est visiblement son heure. Jésus parla souvent de son heure, ce n'était pas encore pour lui l'heure de se manifester, de manifester sa puissance. Avant que cette heure ne vienne, il connu toutes les tensions créées par ceux qui restaient accrochés à l'Ancienne Alliance, symbolisées, dans ce récit, par le maître du repas qui interpelle le marié. Il lui reproche de ne pas avoir suivi les règles habituelles et de ne pas avoir servi d'abord le meilleur vin.

Ainsi, par la suite, les scribes et les docteurs de la Loi ancienne reprocheront sans cesse à Jésus de ne pas suivre les traditions et coutumes.

Quand l'heure de Jésus aura sonné, on reconnaîtra qu'il voulait donner beaucoup plus : son sang. Le vrai festin de noce, c'est le baptême où nous avons revêtu le Christ. Veillons à garder cette dignité pour la vie éternelle à travers nos paroles et nos actes.

Le vrai festin de noces, c'est l'Eucharistie, où le Christ s'unit à nous pour que nous ne fassions plus qu'un avec lui ; c'est toute notre vie, où la joie de son amitié est le plus sûr signe de sa présence qui, elle, ne nous viendra pas à manquer. Les personnes comblées par la vie éprouvent un jour qu'il leur manque quelque chose. Savons-nous leur révéler le Christ qui peut seul satisfaire leur besoin d'Absolu ?

homélie prononcée dans les églises de Biesmerée (17) et de Stave le 18 janvier 2009

Troisième dimanche du temps ordinaire

Mise en condition

Partout dans le monde, des chrétiens de différentes confessions se rassemblent pour des temps de prière commune. Ils demandent à Dieu de réaliser ce qui était le désir le plus important du Christ au soir du jeudi Saint : **"Qu'ils soient un !"**. Ce problème des divisions entre chrétiens se posait déjà dans les premières communautés. Plusieurs se réclamaient de tel ou tel prédicateur.

Les trois lectures de ce dimanche peuvent nous aider à réfléchir sur cette question de la paix et de l'unité. Saint Paul nous parle de la solidarité des chrétiens *(2ième lecture)*. Il rappelle aux communautés de Corinthe mais aussi à chacun de nous une vérité fondamentale : *"Vous êtes le Corps du Christ "*. **Chaque baptisé est appelé à mettre le meilleur de lui-même au service du bien commun. C'est fondamental si nous voulons favoriser la bonne entente entre tous les hommes.**

Dans l'évangile, Jésus se présente comme le libérateur, celui qui vient porter la bonne nouvelle aux pauvres, annoncer aux prisonniers qu'ils sont libres, apporter aux opprimés la libération, annoncer une année de bienfaits accordée par le Seigneur. Nous sommes appelés au-delà de nos différences à être unis dans la diversité.

Références dans la Bible : Ne 8,1-4a.5-6.8-10 ; Ps 18 ; 1Co 12, 12-30 ; Lc 1, 1-4 ; 4, 14-21

Prier pour l'unité des chrétiens

Avec Jésus la Parole de Dieu est au présent. Elle est dans sa personne. Au début du christianisme, la Communauté chrétienne était "Une" et l'Église primitive est apparue tout au long des siècles comme le socle d'une communauté pouvant vivre en paix et proclamer cette paix de manière efficace.

Il n'en est pas ainsi actuellement : nous ne sommes pas encore totalement unis et notre témoignage en faveur de la paix en souffre. Ceux qui la désirent devraient prier pour l'unité et la rechercher. Consciente de cette relation, l'Église est appelée à prier pour la paix dans l'unité et pour l'unité dans la paix.

La paix, c'est replacer les choses selon leur ordre naturel, celui que Dieu leur donna. Elle concerne toutes les relations et tous les types de relations. À l'inverse, le péché est à l'origine des désaccords, il disperse alors que la justice unifie.

Nos actions et nos choix ont des répercussions sur notre vie car ils nous font opter pour le bien ou pour le mal. Inévitablement ils nous éloignent ou nous rapprochent de Dieu et de notre prochain. La prière pour la paix est nécessairement liée à la recherche de l'unité dans toutes les sphères de la vie humaine.

Ce dimanche, l'Église nous invite à prier pour l'unité des chrétiens dans l'espoir qu'ils se rapprocheront et qu'ils découvriront ensemble les trésors infinis de leur héritage commun afin de mieux servir la paix renouvelante du Christ dans le monde.

Dans la préface de son Évangile, Luc, le médecin, l'ami fidèle de saint Paul, exprime son intention de raconter les événements accomplis en Israël en reflétant fidèlement les récits des témoins oculaires.

Quatre chapitres plus loin, nous retrouvons Jésus à Nazareth, dans la synagogue. Après avoir parcouru la Galilée, Jésus revient à Nazareth, où le chef de synagogue, qui le connaît bien, n'hésite pas à lui donner la parole. Jésus déroule le livre d'Isaïe au chapitre 61 et choisit le passage qui parle du Messie: " *L'Esprit du Seigneur est sur moi car le Seigneur m'a consacré par l'onction ; il m'a envoyé porter la bonne nouvelle aux humbles, panser les cœurs meurtris, annoncer aux captifs la délivrance, aux prisonniers l'élargissement…consoler les affligés.* " (Is 61, 1-2)

Après avoir remis le rouleau au servant, il s'assoit. Et pour bien marquer l'instant dramatique de cette première homélie de Jésus dans son village, Luc note avec insistance que " *tous, dans la synagogue, avaient les yeux fixés sur lui.* " Le commentaire de Jésus éveilla tout de suite l'attention de ces hommes et de ces femmes qui le connaissaient tous comme le fils de Joseph.

Jésus annonce ensuite le sens de son ministère : " Cette parole de l'Écriture, que vous venez d'entendre, c'est aujourd'hui qu'elle s'accomplit " (Lc 4,21)

Aujourd'hui : c'est le premier mot et le mot clé de sa première homélie dans la synagogue de son enfance.

Elle ne peut être plus concrète car toute sa personne parle de Dieu. Dieu a tellement aimé le monde qu'il lui a donné son Fils unique. Cette phrase de l'Évangile s'adresse aux auditeurs de Jésus ; aux premiers chrétiens pour lesquels Luc écrit ; aux lecteurs de tous les temps et donc à nous aussi.

> **Avec Jésus la Parole de Dieu est au présent.**
> **Elle est dans sa personne.**
>
> **Comment accueilles-tu cette parole du Christ dans ta vie, dans ta communauté ? Comment l'accueilles-tu quand tu lis la Bible, et quand tu participes à la messe ?**

La Parole de Dieu s'est faite homme en Jésus pour révéler la vie de Dieu *(Jn 1, 14.18)* Chaque fois que nous participons à la messe, nous sommes en communion avec Jésus dans la première partie de l'office qui est appelé **"liturgie de la Parole"**.

Prions l'Esprit Saint pour qu'il enlève toutes les barrières de nos jugements, de nos préférences, pour nous aider à découvrir dans le visage des gens que nous rencontrons, le visage du Dieu vivant. Parvenir à l'unité parfaite est pour Jésus le signe que le monde a connu qu'il est envoyé de Dieu, et que Dieu a aimé le monde comme Jésus l'a aimé lui-même.

> **Cette semaine, pour être concret, prenons le temps de mieux connaître l'autre, celui qui est différent de moi dans sa foi. Efforçons-nous de découvrir la foi et la pensée d'un chrétien d'une autre confession.**

Quatrième dimanche du temps ordinaire

Mise en condition

Aujourd'hui, les textes liturgiques nous invitent à suivre le Christ et à participer à sa mission. En agissant de cette manière, nous aimerons sans mesure et sans limites. L'amour de Dieu est adressé à tous, sans exclusion, sans exception. Puisque Dieu nous aime tous, nous devons à notre tour aimer à la manière de Dieu, sans réserve, sans détour. Pour notre méditation, relisons, au cours de cette quatrième semaine du temps ordinaire, la deuxième lecture, extraite de la première lettre de Paul apôtre aux chrétiens de Corinthe et posons-nous la question : " Qu'est vraiment pour moi la charité ?" Surtout prions pour mieux la vivre.

Références dans la Bible : Jr 1, 4-19 ; Ps 70 ; 1 Co 12, 31-13,13 ; Lc 4, 21-30

La liberté de Jésus

Après avoir commencé sa vie publique par une prédication basée sur un texte du prophète Isaïe qui annonce ce que sera son action : " *Il m'a envoyé porter la Bonne Nouvelle aux pauvres.* " *(Is 61,1)*, Jésus conclut son homélie à la synagogue de Nazareth en faisant référence au prophète Élie. Il rappela à ceux qui l'écoutaient que le Dieu d'Israël est libre d'envoyer ses prophètes où il veut.

Élie est ce prophète dont Dieu se servit pour signifier au peuple élu que Dieu est libre de nourrir qui il veut. C'est avec la Révélation de Dieu au prophète Élie que la liberté fit son apparition dans le monde biblique et c'est avec la parole de Jésus qu'elle s'y développera.

Le prophète est un porte-parole de Dieu et aujourd'hui, l'Église nous propose en première lecture un extrait du livre de Jérémie où le prophète a pris à son compte les paroles que Jésus a dit de lui-même : *"Avant que tu viennes au monde, je t'ai consacré ; je fais de toi un prophète pour tous les peuples. Lève-toi, tu prononceras contre eux tout ce que je t'ordonnerai." (Jr 1, 5.17)*

Les prophètes se sont élevés contre les privilèges qui s'attachent à la fortune, à la culture ou encore à la position sociale, ils se compromirent pour la défense des petits, des travailleurs, des peuples pauvres ou opprimés. Ils ont préparé le chemin du Seigneur. Jésus déclara lors de son discours sur la montagne : " *Je suis venu parfaire la loi et les prophètes.* " *(Mt 5, 17)*.

Dans la synagogue de Nazareth, il dit au cours de son homélie *:* " *L'Esprit du Seigneur m'a envoyé rendre la liberté aux opprimés, proclamer une année de grâce du Seigneur* " *(Lc 4,18)*. La vie et le message de Jésus furent tellement libérateurs qu'ils ont été à l'origine d'un vaste processus d'émancipation et d'autonomie qui se poursuit encore de nos jours par delà les frontières culturelles et même religieuses.

La liberté apportée par le Christ reste un ferment puissant de libération des individus, des groupes, des sociétés et de l'humanité. Aux personnes qui désirent s'affranchir de la tutelle des conditionnements sociaux ou culturels et vivre en individus libres, l'Évangile apporte une vision de l'homme qui honore cette requête.

La liberté de Jésus est une "liberté pour", liberté d'autant plus riche et plus puissante qu'elle voit en chacun, si misérable ou humble soit-il, une personne à part entière, créée à l'image de Dieu et qui a vocation de devenir enfant de Dieu.

Au nom de cette liberté, nous sommes tous frères, et sœurs, fils et filles d'un unique Père, appelés à une solidarité qui prend pour modèle celle qui unit le Christ à Celui qu'il appelle son Père dans les cieux. Sommes-nous capables d'une telle liberté solidaire et fraternelle ?

Dans sa première lettre adressée aux Corinthiens, l'apôtre Paul indique une voie supérieure à toutes les autres pour obtenir ce qu'il y a de meilleur parmi les dons de Dieu : " Si je n'ai pas la charité, s'il me manque l'amour, je ne suis rien." *L'amour prend patience ; l'amour rend service ; il ne jalouse pas ; il ne se vante pas ; il ne se gonfle pas d'orgueil ; il ne fait rien de malhonnête ; il ne cherche pas son intérêt ; il ne s'emporte pas ; il n'entretient pas de rancune ; il ne se réjouit pas de ce qui est mal, mais il trouve sa voie dans ce qui est vrai ; il supporte tout, il fait confiance en tout, il espère tout, il endure tout. " (1 Co 13, 1-8).*

Un tel amour ne passera jamais : il nous conduit vers une solidarité authentique entre-nous, ayant pour modèle celle qui unit le Christ à son Père.

homélie prononcée en l'église de Bièvre le premier février 2004

Cinquième dimanche du temps ordinaire

Mise en condition

Nous n'avons rien pris : telle est la réaction de bien des chrétiens lorsque retentit l'appel à partir dans le monde annoncer la Bonne Nouvelle. Ce qu'il faudrait, ce serait quitter la rive pour prendre le large, en renonçant à nos certitudes, en croyant que le Christ peut agir dans les cœurs sans nous. Il nous faut sortir de nos routines, de nos sécurités pour avancer au large. Osons donc nous lancer dans la mission, en répondant à l'appel du Christ.

> Notre vocation c'est de témoigner que le Christ est

Références dans la Bible : Is 6, 1-8 ; Ps 137 ; 1 Co 15, 1-11 Lc 5, 1-11

Purifie-moi et envoie-moi

La lettre de Paul aux Corinthiens *(deuxième lecture)*, rappelle que la mission essentielle de l'apôtre est d'annoncer le Christ mort et ressuscité. C'est parce que le Christ l'a appelé à le suivre qu'il est devenu ce qu'il est tout comme Pierre et ses compagnons suivirent Jésus, avant lui, après la pêche miraculeuse dans le lac de Génésareth.

Dans cet épisode de la pêche miraculeuse, chaque détail du récit renvoie à une réalité spirituelle toujours d'actualité.

Premier exemple

Jésus monta dans une des barques qui appartenait à Simon et lui demanda de s'éloigner un peu du rivage. Puis, il s'assit et, de la barque, il enseigna la foule. *(Lc 5, 3)*
Avec Jésus, tout lieu est propice à l'enseignement, après les synagogues et le désert, il s'exprimera à partir d'une barque immobilisée près du rivage. Aujourd'hui, comme durant son ministère public, Jésus arpente nos rivages et nos chemins. Inlassablement il nous annonce et nous propose sa Bonne Nouvelle de conversion, de guérison, de libération.

Deuxième exemple

Quand il eut fini de parler, il dit à Simon : *" Avance au large et jette les filets pour prendre du poisson " (Lc 5, 4)* Bien que ces pêcheurs n'eussent rien pris au cours de la nuit, Simon et ses compagnons obéirent à cet ordre absurde de Jésus qui les appela une fois de plus, à recommencer ce qui avait échoué. Ils reprirent le large pour jeter à nouveau leurs filets.

Reprendre la tâche avec courage, sans mesurer les chances de succès, c'est cela qui remplira les filets.

Avec le Christ et sur son ordre, l'Église doit oser avancer au large, en eau profonde, lieu de tous les dangers, là règnent les esprits mauvais et Satan ; l'Église, doit oser aller proclamer la Bonne Nouvelle de l'Évangile hors de ses murs, hors de ses sacristies !

Pêche impossible proclament les experts, risques incalculables disent les prudents. Mais il faut faire confiance à Jésus pour réussir comme le fit Simon et ses compagnons. Sortir de ses habitudes, avancer au large et courir les risques de la foi.

> Osons à l'exemple du Christ, proclamer la Bonne Nouvelle dans notre entourage immédiat, auprès de nos enfants et de nos petits enfants

Ce message s'adresse à chacun de nous qui avons revêtu le Christ lors de notre Baptême.

Troisième exemple

" Ayant jeté les filets sur l'ordre de Jésus, ils prirent une telle quantité de poissons que leurs filets se déchirèrent et qu'ils durent appeler à l'aide les occupants de l'autre barque : la pêche fut si abondante qu'ils remplirent les deux barques au point qu'elles s'enfoncèrent." (Lc 5, 6).

Ce miracle de la pêche miraculeuse témoigne d'une puissance qui dépasse nos forces, il est l'un des signes attestant l'authenticité de la mission de Jésus : c'est au nom de Dieu qu'il parle et agit. Il est aussi le signe visible d'une mission spirituelle que Jésus précisa et confia à Simon lorsqu'il lui dit : *" Désormais ce sont des hommes que tu prendras "* (Lc 5, 10b)

Pêcheurs d'hommes ! Cette mission nous semble-t-elle réservée aux autres et pas à nous ? N'est-ce pas pour autant dans notre métier, dans nos gestes quotidiens, que le Christ nous demande d'être ses témoins ? Peut-être nous semble-t-il qu'après toute une vie d'efforts sans rien prendre, mieux vaut ne plus jeter le filet, ne même plus prêter nos services car nous ne savons jamais où cela peut nous entraîner.

Saurons-nous alors dire au Christ *: " Maître sur ton ordre, je vais jeter les filets "* L'amour de Dieu étant éternel, nous pouvons toujours compter sur son puissant secours et sans fin chanter ses louanges *(Ps 138, 8)*

homélie prononcée en l'église de Bellefontaine le 7 février 2004

Catéchèse en famille

Première partie du récit - L'annonce de la Parole de Dieu (versets 1 à 3)

Avec Jésus, tout lieu est propice à l'enseignement, après les synagogues de Galilée *(Lc 4, 15.31.44 ; Mc 1,21.39 ; Mt 4,23 ; Mt 9,35 ; Jn 6,59)*, la synagogue de Nazareth *(Lc 4, 16, 20.28 ; Mt 13,54 ; Mc 6,2)*, la synagogue de Jérusalem *(Jn 18,20)*, et le *désert (Mc 14,15 ; Mc 6, 35 ; Lc 9,12 ; Mt 15,33 ; Mc 8,4)*, il va s'exprimer à partir d'une barque immobilisée près du rivage du lac de Génézareth *(Lc 5,1-3)*.

L'assemblée l'écoute…, il ne dit pas n'importe quoi : **il dit la Parole de Dieu. Dire la Parole de Dieu** est le premier rôle de l'Église : la prédication ! Ce que l'Église essaye de faire, c'est Jésus qui l'a commencé.

Jésus a dit à ses disciples *: " Tout pouvoir m'a été donné au ciel et sur la terre. Allez donc ! De toutes les nations faites des disciples, baptisez-les au nom du Père, et du Fils, et du Saint-Esprit et apprenez-leur à garder tous les commandements que je vous ai donnés. " (Mt 28,18-20)*

> **La prédication de l'Église est donc le prolongement légitime de celle de Jésus, et elle a le même contenu.**

Dans la foule qui l'écoutait, il y avait quelques personnes qui deviendront ses disciples (Lc 6,12). Parmi ces personnes, Luc distingue encore Simon, au centre de ce récit, six fois nommé dans cet extrait. Voici révélée la structure essentielle de l'Église, voulue par Jésus.

Théologiquement, la structure apostolique de l'Église vient de Jésus : tout prêtre est un serviteur qui représente, par le sacrement de l'Ordre qu'il a reçu, le Christ Serviteur *: " Si donc moi, le Seigneur et le Maître, je vous ai lavé les pieds, vous aussi vous devez vous laver les pieds les uns aux autres. " (Jn 13,14)*

" Le sacerdoce est un signe, un sacrement de Jésus Christ. Pour l'accomplissement d'une si grande œuvre, le Christ est toujours là auprès de son Église, surtout dans les actions liturgiques. Il est là présent dans le sacrifice de la Messe, et dans la personne du ministre. Il est présent sous les espèces eucharistiques.

Il est là présent par sa vertu dans les sacrements au point que lorsque quelqu'un baptise, c'est le Christ lui-même qui baptise. Il est là présent dans sa parole, car c'est lui qui parle tandis qu'on lit dans l'Église les Saintes Écritures.

*Enfin il est là présent lorsque l'Église prie et chante les psaumes, lui qui a promis :
" Là où deux ou trois sont rassemblés en mon nom, je suis là, au milieu d'eux. " (Mt.
18, 20).*

Sacrosanctum Concilium, 7 - Extrait de Sacrosanctum Concilium, publiée au Vatican, par le pape Paul VI, le 4 décembre 1963.

Deuxième partie du récit - La pêche miraculeuse *(versets 4 à 7)*

> **Prions pour que le pape, les évêques et les prêtres remplissent bien ce rôle.**

Après avoir achevé son enseignement, Jésus ordonna à Simon de jeter le filet. Bien qu'ils eussent travaillé toute la nuit inutilement, Simon obéit, et son filet se remplit tellement qu'il menaça de se rompre. Leurs compagnons dans l'autre barque vinrent à leur aide. Les deux barques furent près d'enfoncer. Les mots « Jetez les filets », s'adressèrent à Simon et aux autres pêcheurs qui étaient avec lui *(verset 4)* et ils eurent aussi leur part dans l'action symbolique allait accomplir. *(versets 6 et 7)*

Troisième partie du récit " Pêcheurs d'hommes " Jésus dit à Simon : "

Sois sans crainte, désormais ce sont des hommes que tu prendras. " Après avoir ramené leurs barques à terre, quittant tout, ils le suivirent. C'est ainsi que Jésus fonda en fait et en droit le ministère de la Parole.

> **Prendre, saisir du milieu du monde, par la prédication de l'Évangile, des personnes et les amener dans le royaume de Dieu, telle sera la belle et sainte vocation de l'Église**

Sixième dimanche du temps ordinaire

Mise en condition

Dieu nous a créés libres : Il ne nous impose pas son Alliance. Il nous propose la vie et le bonheur qui ne finiront jamais ; cependant, il nous laisse l'entière liberté de choisir. Les lectures de ce sixième dimanche ordinaire nous redisent l'essentiel : elles nous parlent des deux faces de la vie ; côté pile, c'est la clarté et côté face, l'obscurité. Côté pile, c'est "oui" à l'offre de Dieu et côté face, c'est le refus de Dieu.

Cette alternative est décisive, elle apporte vie ou mort, bénédiction ou malédiction . *(première lecture)*. Nous avons le libre choix entre deux routes : celle des justes, chemin vers le bonheur et celle des méchants, chemin de perdition *(psaume 1)* et dans l'Évangile *(récit des béatitudes)*, Jésus précise ce choix que Dieu attend de nous. Jésus indique clairement où se trouve le bonheur : c'est la pauvreté de cœur qui y conduit, l'abandon à son amour infini.

Note : le mot confiance est un mot très fort signifiant " *s'appuyer sur* " comme on s'appuie sur un rocher (versets 5 et 7)

Références dans la Bible : Jr 17, 5-8 ; Ps 1 ; 1P 15, 12.16-20 ; Lc 6, 17.20-26

Êtes-vous vraiment heureux ?

La soif de bonheur est universelle. Mais qu'est-ce que le bonheur ? Et surtout quelles sont les voies et les moyens pour y parvenir ? *Notre bonheur ne se trouve pas dans la liberté mais dans l'acceptation d'un devoir, disait Antoine de Saint-Exupéry et une des plus sûres conditions du bonheur est de pouvoir regarder sa vie entière sans honte et sans remords (Concordet). Le plus souvent, on cherche son bonheur comme on cherche ses lunettes : quand on les a sur le nez ! (G Droz)*

Le dictionnaire définit le bonheur comme étant un état de complète satisfaction, de plénitude, Pour nous le bonheur est une question de chance, de santé, d'argent , de réussite. Jésus ne voit pas les choses comme nous le voyons : pour lui, le bonheur est une question de choix. Heureux les malheureux, va-t-il dire : Tu peux être heureux, même pauvre, même affamé, même insulté !

" Heureux, vous qui êtes pauvres le Royaume de Dieu est à vous ! Heureux, vous qui avez faim maintenant : vous serez rassasiés. Heureux, vous qui pleurez maintenant : vous serez dans la joie " (Lc 6, 20-21)

Jésus est le Messie des pauvres. Ayant vécu lui-même pauvre, il a souffert comme les petites gens, de l'insulte et du mépris de ceux qui possèdent. Ce que Jésus promet à ces pauvres, c'est le Royaume de Dieu..

Dans la première lecture, tirée du livre de Jérémie, nous trouvons la même vérité : " *Malheureux l'homme qui met sa confiance dans un mortel, qui s'appuie sur un être de chair, et dont le cœur est éloigné du Seigneur...Mais heureux soit l'homme qui met sa confiance dans le Seigneur, et dont le Seigneur est l'espérance.* " *(Jr 5.7)*

Celui qui oublie son propre bonheur pour chercher celui des autres, trouve le sien par surcroît (Henry Bordeaux).

Dans sa lettre aux Corinthiens, Paul invite à faire comme lui *:* " *En toutes circonstances, je tâche de m'adapter à tout le monde ; je ne cherche pas mon intérêt personnel, mais celui de la multitude des hommes pour qu'ils soient sauvés. Mon modèle à moi, c'est le Christ ! (deuxième lecture)*

Voici le grand risque de la richesse : le riche étant satisfait de ses biens matériels sera tenté de penser qu'il peut très bien se passer de Dieu. C'est sa richesse qui met le riche en danger, en lui enlevant toute faim de Dieu. Dieu est le seul capable de combler l'appétit infini de bonheur qui est en l'homme.

Ne demandez pas à Dieu de vous rendre heureux, mais utile, et le bonheur suivra. (Mitchell)

Le riche satisfait est trompé par son argent. Jésus parlera de l'argent trompeur *(Lc 16,9)*. Que penserions-nous d'un parieur au tiercé qui miserait chaque fois sur un cheval sûr de ne jamais passer la ligne d'arrivée ? Ce qui est sûr pour tous : nos comptes bancaires et nos livrets d'épargne ne passeront jamais la ligne de l'éternité !

La richesse qui promet le bonheur, est une menteuse ; le dicton populaire " l'argent ne fait pas le bonheur " l'exprime très bien.

> **Le seul bonheur, définitif et absolu, c'est l'Amour Infini.**
> **C'est Dieu !**

" *Mais malheureux, vous les riches : vous avez votre consolation* " Ce verset n'exprime pas une condamnation des riches par Jésus, venu parmi nous pour sauver tous les hommes sans distinction de race ou de statut. Mais cette parole du Messie est un cri de douleur.

Jésus plaint les riches : quel dommage qu'ils soient fermés aux vraies valeurs, à celles qui passent la ligne de l'éternité ! Quelle tristesse quand une personne met sa confiance dans ce qui est mortel ! Attention ! Attention ! Cet avertissement n'est pas fait pour les autres, il s'adresse à chacun de nous, nous, qui risquons d'oublier l'essentiel.

Dieu aime d'un amour de prédilection les gens que le monde méprise. Les disciples du Christ viennent en majorité des classes les plus pauvres, les plus méprisées, les plus démunies matériellement et culturellement, tandis que tant de riches, des gens comblés, trop vite repus et satisfaits d'eux-mêmes, se sont fermés à l'Évangile.

Dans le monde gréco-romain, il existait un prolétariat constitué d'esclaves, d'artisans et de paysans que la Palestine au temps de Jésus ne connaissait pas au même degré. Ce sont les pauvres que Dieu aime, ce sont ceux et celles qui ont commencé à prendre possession du Royaume : « *Heureux, vous les pauvres :le royaume de Dieu est à vous !* » *(Lc 6,20b)*

Il s'agit d'un fait qui tient à la liberté de Dieu lui-même : Dieu aime avec prédilection les personnes que le monde n'aime pas. Dieu prend le parti des gens que le monde rejette ! En partageant le sort des pauvres, de la crèche de Bethléem au Golgotha, Jésus a senti pour eux un cœur fraternel.

Messie des pauvres, méprisé par le clergé et les intellectuels de Jérusalem, Jésus a souffert comme les petites gens de l'insulte et du mépris de la part de ceux et de celles qui sont repus. Tant de personnes, satisfaites de leurs biens, pensent progressivement qu'elles peuvent se passer de Dieu. C'est là le risque de la richesse.

Ces paroles du Christ nous appellent à œuvrer pour que notre monde social ne soit plus celui des riches, des repus, des jouisseurs quand tant d'autres meurent de faim, de dénuement et de souffrances. *(Lc 6,20-26)*

Septième dimanche du temps ordinaire

Mise en condition

Aimer les personnes qui nous aiment, c'est facile, c'est bien mais cela ne suffit pas ! Il nous faut aimer toujours d'avantage et toujours mieux, sans calcul, à la manière de Jésus qui nous a aimés jusqu'au don de sa vie. Vis à vis des personnes que nous rencontrons, nous devons être compassion et miséricorde, tendresse et bonté. Savoir pardonner est une forme magnifique de l'amour.

" Ne pas tout accepter, mais tout comprendre ; ne pas tout approuver, mais tout pardonner; ne pas tout adopter mais chercher en tout la parcelle de vérité qui s'y trouve enfermée " (Elisabeth Arrighi)

<u>Note</u> *Née dans une famille de la bourgeoisie parisienne, Élisabeth Arrighi (1866-1914) a compris et pratiqué sa foi comme laïque chrétienne de manière créative et originale.*

Quelle place accordons-nous au pardon ? Il est important de nous interroger sur le fondement de nos attitudes habituelles. Jésus nous demande de ne pas juger, de ne pas condamner ! À la fin de notre vie, notre sort dans l'autre monde dépendra de celui que nous réservons aux autres.

Soyez miséricordieux ! Ne jugez pas, et vous ne serez pas jugés. Ne condamnez pas, et vous ne serez pas condamnés. Pardonnez, et vous serez pardonnés. Donnez, et vous recevrez une mesure bien pleine, tassée, secouée, débordante, qui sera versée dans votre tablier ; car la mesure dont vous vous servez pour les autres servira aussi pour vous

Références dans la Bible : 1 S. 26, 2-23 ; Ps 102 ; 1 Co 15, 45-49 ; Lc 6, 27-38

Soyez miséricordieux !

Aimer la personne qui nous aime, aimer celle que nous estimons est une attitude normale dans toute société. Être fils de Dieu, imiter notre Père des cieux, c'est aimer comme il aime, sans calcul : c'est être généreux avec les autres.

L'Évangile de ce dimanche nous donne des recommandations appelant toutes à la générosité dans les relations avec le prochain, dans le pardon, la remise des dettes, le refus de juger, le partage. Ces recommandations sont rassemblées dans cette **Règle d'or,** qui résume la Loi et les prophètes.

" Ce que vous voulez que les hommes vous fassent, faîtes le leur. " (Lc 6, 31) Cette règle est un des principes élémentaires de toute morale. Rabbi Hillel, au temps de Jésus, disait *: " Ce que tu n'aimes pas, ne le fais pas à ton prochain. "* Jésus nous demande de faire beaucoup plus. Il faut faire tout le bien possible au prochain, même à nos ennemis ! : *" Je vous le dis, à vous qui m'écoutez : aimer vos ennemis, faîtes du*

bien à ceux qui vous haïssent. Souhaitez du bien à ceux qui vous maudissent. Priez pour ceux qui vous calomnient " (Lc 6, 27)

Aimez ses ennemis, c'est énorme ! Qui peut supporter pareil ordre ? Le mot "ennemi" utilisé par Jésus est un mot très fort qui risque d'être mal compris. Pour bien saisir cette page de l'évangile de Luc, il nous faut actualiser ce mot. L'amour que nous devons donner est un amour universel qui n'exclut personne.

Exemples

- Au plan personnel, Jésus me demande d'aimer les personnes qui me critiquent, celles qui m'agacent ou qui ne sont pas d'accord avec moi, celles qui m'agressent par leur manière de penser, de s'habiller, de prier, de voter…ou bien d'autres attitudes ou comportements.
- Au niveau de mon village, il me demande d'aimer les gens qui ne pensent pas comme moi.
- Au niveau de ma famille, aimer c'est faire le premier pas quand l'autre est bloqué.

" Aimez vos ennemis, faîtes du bien et prêtez sans rien espérer en retour " (Lc 6, 35)
Pour Luc, tout au long de son évangile, le partage des biens est le signe tangible de l'amour.

Reconnaissons qu'il est tout aussi difficile de donner de son argent, que d'aimer ses ennemis Jésus nous invite tout simplement à changer de regard. Ce regard qui tue ou qui fait vivre.

Quel regard portons-nous sur les autres ? Particulièrement sur les personnes que nous avons du mal à aimer.

Il ne nous demande pas d'avoir peur, ni d'être lâche, ni de manquer de courage et de dignité. L'Amour pour le Christ, c'est un amour sans frontières, sans limites ! Ce que Jésus nous demande, c'est de rester animés par un esprit constructif de justice, d'amour, de réconciliation qui saura briser le cycle infernal de la vengeance et de la violence.

Dieu est miséricordieux, il est amour jusqu'au bout. Dieu ne juge personne, ne condamne personne, pardonne à tous les pêcheurs. Il nous demande de l'imiter mais, il nous met en garde : *" La mesure dont vous vous servez pour les autres, servira pour vous ! "* (Lc 6, 38)

Ainsi, notre propre jugement est remis entre nos mains. Pardonnons-nous mutuellement comme Dieu nous a pardonné dans le Christ. (Ep 4, 32). Ne soyons pas de ces personnes qui ont une machine à calculer à la place de leur cœur !

Proposition pour la semaine qui vient : prions le Seigneur de nous aider à être miséricordieux envers les autres. Être miséricordieux, c'est avoir un cœur qui se penche vers la misère pour la soulager.
Amen

homélie prononcée en l'église de Naomé le 10 février 2004

Onzième dimanche du temps ordinaire

Mise en condition

Ce dimanche tous les textes choisis pour la messe parlent de pardon et de miséricorde de Dieu à l'égard des pécheurs. Quand la Parole de Vie vient révéler notre péché, l'écoutons-nous avec la même humilité que David ? *(première lecture)* Ce pardon, selon l'apôtre Paul, nous vient de la croix du Christ puisque le Fils de Dieu nous a aimés et s'est livré pour nous. *(Ga 2, 20)*

Références dans la Bible : 2 S 12, 7-10.13 ; Ps 31 ; Ga 2, 16.19-21 ; Lc 7, 36-8,3

La miséricorde de Dieu

Par trois fois, Luc a rapporté dans son évangile que des pharisiens invitaient Jésus à leur table *(Lc 7,36-11,37 et 14,1)*. Jésus n'avait pas d'exclusives à priori et s'il a souvent heurté certaines personnes, ce n'est pas qu'il les méprisait. Ce sont elles qui n'acceptaient pas son attitude extrêmement ouverte envers les pécheurs.

Dans la première lecture, extraite du deuxième livre de Samuel, au chapitre douze, Dieu interpelle David et lui pardonne ses fautes, car David s'était repenti de ses énormes péchés *(adultère et crime)* et il avait pleuré dans le malheur qui suivit.

Dieu n'abandonne pas le pécheur, mais certains pécheurs l'oublient. Pour nous pardonner, Dieu n'attend pas de nous des actes méritoires. Il attend que nous fassions la vérité sur notre état et que nous ayons confiance en son amour qui nous relève. Avec le psalmiste, entrons dans ces sentiments de repentir et de reconnaissance : " *Je t'ai fait connaître ma faute, je n'ai pas caché mes torts. J'ai dit : je rendrai grâce au Seigneur en confessant mes péchés.* " *(Ps. 32)*

C'est le pardon qui est le plus grand amour. Ne vaut-il pas la peine de le célébrer dans un sacrement ? Saint Augustin écrivait : " *La confession des péchés n'est chrétienne que si elle s'inscrit dans une confession de louanges.* Confesser nos péchés, c'est confesser l'amour der Dieu pour nous.

La femme dont il est question dans l'Évangile de ce jour, est connue et tout le monde a l'air de connaître son cas : c'est une pécheresse, sans doute une prostituée. Des péchés, elle en avait accumulés. Mais elle les regrettait. Elle pleure face à cette foule. Elle est abattue et inquiète. La voici se jetant par terre aux pieds de Jésus. Effondrée, des sanglots bruyants secouent son corps et ses larmes mouillaient les pieds du Seigneur. Elle les essuyait avec ses cheveux, les couvraient de baisers et y versait le parfum. *(Lc 7,38)*

En se laissant approcher et toucher par cette pécheresse, Jésus contracte une impureté rituelle selon la loi juive, ce qu'il aurait pu éviter s'il était prophète, pensa

Pierre. Et l'évangéliste de préciser que c'est d'abord à lui que Jésus s'adressa : " *L'affection que manifeste cette femme est le signe que Dieu lui a beaucoup pardonné.* " *(Lc 7, 47)* Puis il s'adressa à la femme pour lui annoncer son pardon, car son grand amour rachète ses fautes.

Ainsi l'amour est-il tout à la fois la conséquence et la cause, du moins la condition nécessaire du pardon de Dieu. Mais celui qui éveille ainsi l'amour dans le cœur de la pécheresse et lui pardonne en même temps est plus qu'un prophète ! Qui est donc cet homme ?

À l'Église, communauté d'hommes et de femmes libérés par Jésus, de le dire.
Les nombreux pardons que nous avons reçus de Dieu ont-ils fait croître notre amour ? Efforçons-nous de racheter nos fautes par un plus grand amour de Dieu et de nos frères et souvenons-nous que l'amour du Christ pour les pécheurs peut transformer notre vie, si bas que nous soyons tombés.

homélie prononcée en l'église de Flavion le 17 juin 2007

> **Crois-tu que l'amour de Jésus peut transformer ta vie, si bas que tu sois tombé ?**

Douzième dimanche du temps ordinaire

Mise en condition

Ce dimanche, le Christ nous pose la question de confiance : *" Pour vous, qui suis-je ? " (évangile)* Répondrons-nous comme Pierre le fit : *" Tu es le Messie de Dieu "* Qui veut appartenir au Christ doit être prêt chaque jour à prendre des risques pour lui. Notre foi au Christ a-t-elle grandi chaque fois qu'il exigeait plus. chaque fois qu'il faillait perdre pour lui un peu de notre tranquillité ?

Références dans la Bible : Za 12,10-11. 13,1 ; Ps 62 ; Ga 3, 26-29 ; Lc 9, 18-24

Pour vous, qui est Jésus Christ ?

Jésus, selon Luc, se met en prière chaque fois qu'un événement important va se produire ou qu'un tournant décisif apparaît dans le déroulement de sa vie. Les temps de prière cités par Luc se situent tous à des instants de très intense tension intérieure. Quand cela se produisait, Jésus demandait réellement l'aide de son Père pour avoir la force d'accomplir jusqu'au bout sa mission.

Dans cette page d'Évangile, nous sommes vraiment à un moment capital de la vie de Jésus : il vient de faire le grand signe messianique de la multiplication des pains dans les environs de Bethsaïde. (Lc 9, 10-17) . Les foules, avides, veulent le faire roi, mais Jésus refuse ce rôle temporel (Jn 6, 15) Sa réponse déclenchera l'abandon des foules. Jésus décide donc de connaître la position de ses apôtres : vont-ils continuer à le suivre, eux au moins ? C'est l'incertitude. Alors , Jésus, s'étant retiré à l'écart, pria pour eux, comme il priera plus tard pour Pierre afin que sa foi ne défaille pas (Lc 22, 32)

Est-ce que je prie pour la foi ? Est-ce que je prie, quand j'ai des décisions à prendre ? Est-ce que je prie à partir d'évènements heureux ou malheureux ? Est-ce que je prie pour les personnes dont j'ai la responsabilité ? Est-ce que je prie pour mes parents, pour mes enfants ?

Après avoir prié, Jésus se tournant vers ses disciples leur dit : *" Pour la foule, qui suis-je ? " (Lc 9,18)* Les réponses apportées par les disciples firent référence au passé : Jean-Baptiste, pour d'autres Élie, pour d'autres encore, un prophète d'autrefois qui serait ressuscité. *(Lc 9, 19)*

Jésus posa la même question à Pierre : *" Pour toi, qui suis-je ? "* Elle te concerne aussi. Jésus te dit : " Pour toi, qui suis-je ? " Cette question appelle une réponse qui t'engage.

Le Christ est exactement pour nous ce que nous vivons de lui et de son message. La foi est un acte personnel : elle est notre réponse libre à l'initiative de Dieu qui se révèle. La foi est nécessaire au salut. Le Seigneur lui-même l'affirme : " *Celui qui croira et sera baptisé, sera sauvé ; celui qui ne croira pas, sera condamné* " *(Mc 16, 16).*

> **Être chrétien, c'est répondre à cette interpellation de manière personnelle. Il ne s'agit pas seulement d'affirmer ta foi par des mots, c'est toute ta façon d'agir qui est ta vraie réponse. La vraie réponse est dans le concret de ta vie.**

" *Frères, en Jésus Christ, vous êtes tous fils de Dieu par la foi* " *(2ième lecture).* La foi nous apprend que l'autre ne peut plus être un objet à conquérir, un être à opprimer, un rival à éliminer ; même s'il me faut le combattre aujourd'hui au nom de la justice, du respect de la femme, de la liberté d'opinion et d'expression, c'est avec amour, comme un frère égaré qu'il faut sauver.

Reconnaître dans l'autre un fils de Dieu, c'est l'aimer assez pour penser que lui aussi peut s'ouvrir aux exigences de l'Évangile, même s'il faut pour cela nous opposer à lui, voire le combattre. Est-ce ainsi que nous agissons pour faire aboutir le projet de Dieu ?

> **Pour toi, qui est Jésus Christ ?**
>
> **Ne laisse pas cette question sans réponse !**

homélie prononcée en l'église de Bellefontaine le 19 juin 2004

Prions et méditons
Être disciple du Christ

Jésus venait de prier pour ses disciples lorsqu'il leur demanda : " Pour vous, qui suis-je ? " Appelés à se prononcer sur l'identité de Jésus, les disciples reconnurent en lui le Messie attendu depuis des siècles. Cette question, Jésus la pose aussi à toi : et toi, que dis-tu de moi ? Qui suis-je pour toi ? Être disciple du Christ, c'est répondre à cette interpellation , de manière personnelle : c'est dans tes comportements quotidiens que se trouve la vraie réponse. Tes comportements révèlent-ils que tu crois en Jésus ? Quelle place a Jésus dans ta vie ? Prends le temps de le suivre pas à pas. Pose-toi les vraies questions : Jésus est-il la raison d'être de ta vie ? Est-il l'unique nécessaire ? Est-il l'ami avec qui tu veux être en communion ? Est-il le modèle que tu veux t'efforcer d'imiter ?

Dans tes doutes, tu as toujours la possibilité de lui crier : " Je t'aime. "

Treizième du temps ordinaire

Mise en condition

En cours de route, vers Jérusalem, Jésus rencontra un homme qui était prêt à le suivre partout *(v57)*. Mais Jésus refroidit ses élans. Il lui fit comprendre qu'il faudra accepter l'inconfort, la pauvreté et l'insécurité pour le suivre. *(v58)*.

- Qui veut suivre le Christ doit s'attendre à être aussi rejeté.
- Suivre le Christ, c'est aller au besoin jusqu'au don de sa vie *(sacerdoce, religieux, religieuses, diacres, personnes consacrées...)*
- Suivre le Christ, pour une famille, c'est surmonter ses souffrances et vivre dans la foi.

Médite ces paroles de l'apôtre Paul : " *C'est pour la liberté que Christ nous a affranchis. Tenez donc ferme et ne vous remettez pas de nouveau sous le joug de la servitude.* " (Ga 5,1)

Références dans la Bible : 1R 19, 16b.19-21 ; Ps 15 ; Ga 5, 1, 13-18 ; Lc 9, 51-62

Suivre le Christ

Dans la page d'Évangile, choisie pour cette célébration, Jésus rencontre un homme qui en veut, un homme prêt à le suivre jusqu'au bout du monde. "*Je te suivrai partout où tu iras* " (Lc 9, 57) L'homme qui disait cela ne savait sans doute pas que la route de Jésus passait par le Calvaire. Jésus refroidit ses élans : Il ne cherche pas à faire du recrutement sans condition. Il souligne, au contraire, qu'il faudra accepter l'inconfort, la pauvreté, l'insécurité pour le suivre : *"Les renards ont des terriers, les oiseaux du ciel ont des nids ; mais le fils de l'homme n'a pas d'endroit où reposer sa tête ! "* lui dira t-il. *(Lc 9, 52)*

Cette réponse souligne la conscience que Jésus avait en montant vers Jérusalem. Il marche vers un destin tragique. Qui veut suivre Jésus doit s'attendre aussi à être rejeté.

Jésus dit à un autre homme : " *Suis moi !*" L'homme répondit : " *Permets-moi d'abord d'aller enterrer mon père* " Mais Jésus répliqua : " *Laisse les morts enterrer les morts : toi, va annoncer le règne de Dieu.* " (Lc 9, 60)
Voilà l'une des paroles les plus dures de l'Évangile, une parole provocante, révoltante. Ici, Jésus va jusqu'à prétendre que celui qui n'a pas découvert le Règne de Dieu, est un mort !

Dans ce verset, le mot "mort" n'a pas le même sens : dans un cas, il s'agit des défunts, dans l'autre, il s'agit de toutes les personnes qui n'ont pas rencontré Dieu. Jésus ose dire qu'elles sont mortes !

Pour Jésus la personne qui n'a pas le souci des choses de Dieu, ne vit pas au sens fort : elle est déjà morte ! C'est vraiment une parole très dure à entendre, parole qui révèle la seule vraie vie, celle de Dieu, celle de son Règne.

C'est bien de penser à ses défunts mais il est plus qu'urgent de proclamer la Bonne Nouvelle de l'Évangile à tous les vivants. Il y a urgence de faire très sérieusement la catéchèse dans notre monde matérialisé, il y a urgence de solidarité, il y a urgence d'amour, il y a urgence d'apostolat.

Un autre encore lui dit : " *Je te suivrai Seigneur, mais laisse-moi d'abord faire mes adieux aux gens de ma maison.* " Jésus lui répondit : " *Celui qui met la main à la charrue et regarde en arrière n'est pas fait pour le Royaume de Dieu* " (Lc 9, 62)

> **Suivre le Christ, c'est aller à contre courant des modes.**
>
> **Suivre le Christ, c'est bouger soi-même avant de vouloir que les autres bougent !**

Le service du Royaume de Dieu, est exigeant. Dieu conteste nos choix. *"Laisse-moi d'abord enterrer mon père, laisse-moi faire mes adieux à mes parents."* (Lc 9, 61) Ce sont des demandes très légitimes. Ces gens sont très sérieux, ils sont raisonnables. Ils ont prévu leur emploi du temps. D'abord leurs affaires personnelles, et en second choix les affaires de Dieu !

Et nous, n'agissons-nous pas, trop souvent envers Dieu, comme ces gens cités dans l'Évangile ? Chaque Dimanche, d'abord me reposer, d'abord faire mon entraînement, d'abord me consacrer à ma famille, à mes copains et copines et après s'il reste du temps…aller à la messe.

> **Au seuil de l'été qui commence, remet en cause ton emploi du temps ! Quelle est ton échelle des valeurs ? Ton bronzage d'abord ? Ta santé ? Ou bien l'essentiel d'abord ?**

Dans sa lettre aux Galates, Paul rappelle cet essentiel : " Si le Christ nous a libérés, c'est pour que nous soyons vraiment libres. Alors, tenez bon, et ne reprenez pas les chaînes de votre ancien esclavage. Vous avez été appelés à la liberté. Que cette liberté ne soit pas un prétexte pour satisfaire votre égoïsme : au contraire, mettez-vous, par amour, au service les uns des autres. " (Deuxième lecture - Ga 5, 1)

homélie prononcée dans les églises de Oisy et de Bièvre le 26 juin 2004

Quatorzième dimanche du temps ordinaire

Mise en condition

Dans cet extrait de l'évangile de Luc, Jésus envoie ses disciples deux par deux en mission *(verset 1)* et il leur donne ses consignes *(versets 4 à 10)*. Jésus les envoie en mission là où il doit lui-même aller. Il ne leur propose aucune recette missionnaire, mais il leur enseigne dans quel esprit il doivent accomplir cette mission.
Pourquoi Jésus les envoya-t-il deux par deux en mission ?

Il le fit pour qu'ils rendissent témoignage collectivement. Cette consigne est toujours valable aujourd'hui : nous devons témoigner collectivement du Christ dans nos communautés paroissiales. Que nos rencontres missionnaires ne soient jamais nos petites affaires personnelles, mais qu'elles soient vraiment des démarches communautaires ! Quelles soient des démarches d'Église.

Références dans la Bible : Is 66, 10-14c ; Ps 65 ; Ga 6, 14-18; Lc 10, 1-12.17-20)

Témoins du Christ

Parmi ses disciples, le Seigneur en désigna encore soixante-douze, et il les envoya deux par deux devant lui dans toutes les villes et localités où lui-même devait aller. (Lc 10, 1)
Luc fut le seul des quatre évangélistes à rapporter cet épisode de la vie de Jésus et à signaler cette mission des disciples, les autres ne se souvinrent que de l'envoi des douze.

Luc veut nous présenter l'évangélisation comme une œuvre à laquelle doit contribuer quiconque est disciple de Jésus. Cette mission est l'œuvre du Christ qui envoie. Il ne propose aucune recette missionnaire mais montre dans quel esprit doit se faire l'annonce de l'Évangile. Dans la Bible, Soixante douze est un nombre symbolique désignant une globalité. Ce nombre désigne l'ensemble des nations de la terre reconstituées après le Déluge. Autrement dit, Jésus envoie en mission tous les hommes de bonne volonté.

Tout chrétien est envoyé témoigner de l'Évangile dans son milieu familial, professionnel, social. Suis-je vraiment cet ouvrier du Règne de Dieu ? Il y a urgence d'action. Nous n'avons pas le droit de rester les bras croisés. Bien que des signes encourageants de vie ecclésiale apparaissent (nombreux catéchumènes, assistants paroissiaux, laïcs formés et engagés dans la catéchèse…), la plupart des indicateurs de la santé de l'Église sont négatifs.

Jésus leur dit : " *La moisson est grande et les ouvriers sont peu nombreux. Prier donc le maître de la moisson d'envoyer des ouvriers pour sa moisson* " (Lc 10, 2)

Devant ce manque d'ouvriers, Jésus nous suggère comme unique solution la prière. Pour lui, l'apostolat est une œuvre divine, une grâce. Est-ce que je prie pour qu'il y ait de nombreux ouvriers à la moisson : des laïcs d'abord, mais aussi des prêtres, des religieux, des religieuses et des diacres

Et moi ? Suis-je un de ces ouvriers qui travaillent au salut ? On peut par exemple rendre mille services dans sa paroisse. Au lieu de déprimer pendant sa retraite, on peut assumer une tâche d'Église. Mais surtout, nous pouvons tous commencer par cette activité que réclame le Christ dans l'Évangile : la prière pour les vocations. Ne nous y trompons pas : nous aurons les prêtres que nous aurons mérité.

Jésus dit encore : " *Je vous envoie comme des agneaux au milieu des loups* "*(Lc 10, 3*) Jésus ne cache pas la difficulté de la mission. Nous voici bien avertis ! La mission de l'Église sera toujours en situation difficile. Depuis le début jusqu'à présent, l'évangélisation a toujours comporté des risques pour les messagers.

Au moment où Luc rédigeait son évangile, les apôtres avaient presque tous donné leur vie et les chrétiens étaient persécutés. Ne soyons donc pas surpris, si nous avons parfois à souffrir un peu à cause de notre foi. Moqueries, hostilités diverses, calomnies, insultes ou violences insidieuses, gardons courage ! Jésus l'a promis : " *Réjouissez-vous parce que vos noms sont inscrits dans les cieux.* " *(Lc 10, 20)*

Il est remarquable que Jésus ne donne aucune consigne d'ordre doctrinal, il ne parle pas du contenu de la foi, mais il parle des comportements concrets des prédicateurs.

C'est d'abord par sa façon de vivre que le disciple du Christ annoncera le Règne de Dieu, manière de vivre qui s'incarnera dans des rencontres et des gestes de paix et d'amour. C'est à cette condition, que l'annonce du Règne de Dieu pourra être entendue et acceptée.

Cet évangile est très concret : le Règne de Dieu, le Projet de Dieu, est tout proche de vous, dit Jésus. Il est dans votre vie la plus ordinaire mais vous ne savez pas découvrir sa proximité.

homélie prononcée en l'église de Oret le 5 juillet 2010

Réflexion et méditation

Pourquoi Jésus les envoya-t-il deux par deux en mission ?

Il le fit pour qu'ils rendissent témoignage collectivement. Cette consigne est toujours valable pour les chrétiens d'aujourd'hui : qu'il y ait un témoignage collectif dans nos communautés paroissiales ! Que nos rencontres missionnaires ne soient jamais nos petites affaires personnelles, mais soient vraiment démarches de communauté ! Quelles soient des démarches d'Église.

Que chacune de nos rencontres soit un dialogue, un partage vrai avec l'autre. Alors et alors seulement, nous pourrons partager aussi cette foi qui nous fait vivre, certains que pour les personnes que nous aurons rencontrées ainsi en vérité, le Royaume de Dieu s'est fait tout proche.

Quand l'Église est présente quelque part depuis longtemps, nous avons tendance à croire que tout le monde a eu l'occasion de recevoir l'Évangile et qu'une mission d'évangélisation n'est plus nécessaire.

Jésus nous invite à réfléchir : *" La moisson est abondante, mais les ouvriers sont peu nombreux "*

Nous devons d'abord commencer par croire que Dieu travaille les cœurs (verset 2b) et que si la mission piétine, c'est à cause du manque d'ouvriers apostoliques compétents et convaincus. Cette carence est particulièrement sévère en Europe occidentale. Jésus n'a pas appelé de spécialistes auprès de lui pour les envoyer ensuite en mission. il a choisi des gens de son entourage pour leur confier une tâche à accomplir.

En avant, partons plein d'espérance, mettons nous au service de Jésus, le Christ. Ne cherchons pas d'alibis comme le manque de connaissance en catéchèse ou notre incompétence… Nous pouvons toujours rendre de petits services dans notre communauté paroissiale.

Si nous marchons avec le Christ, rien ne pourra briser notre élan. Si nous rencontrons la méchanceté, nous triompherons du mal par le bien. Dieu te connaît, il t'aime tel que tu es et il t'appelle par ton nom à œuvrer pour son Règne. Vas-tu accepter ? Jésus te demande tout simplement de témoigner de l'Évangile dans ton milieu familial, professionnel, social.

Veux-tu vraiment être cet ouvrier du Règne de Dieu dans ton milieu de vie ? Évangéliser ne signifie pas qu'il faut faire de la propagande pour l'Évangile. Évangéliser consiste à montrer le pouvoir de libération de l'Évangile face au mal.

Quinzième dimanche du temps ordinaire

Mise en condition

Dans cette page d'évangile *(v 30-v 37)*, Jésus met en garde les professionnels de la religion et les personnes qui croient respecter la Loi. Dans leur vécu, très souvent, ils ne savent pas aimer.

Le Samaritain ne s'est pas posé de questions devant l'homme blessé gisant sur le sol *(v 3)*, et qui était pourtant son ennemi personnel, d'une autre race, d'une autre religion que la sienne. Le Samaritain a aimé et a aidé cet homme *(v 34 et v 35)*. Par contre le prêtre et le lévite, employés au Temple de Jérusalem et pourtant proches du juif blessé *(même race et même religion)* s'en sont détournés *(v 31 et v 32)*.

L'amour ne consiste pas seulement à s'émouvoir devant la détresse de l'autre. L'amour ne se limite pas à soulager les personnes qui souffrent.

Références dans la Bible : Dt 30, 10-14 ; Ps 18 (19) ; Co 1, 15-20 ; Lc 10, 25-37

Qui est mon prochain ?

Pour mettre Jésus dans l'embarras, un docteur de la Loi posa cette question à Jésus : *"Maître, que dois-je faire pour avoir la vie éternelle ? " (Lc 10, 25)* De tout temps, les hommes ont espéré en une autre vie. Jésus en a souvent parlé. Il disait même : *"Cette vie est déjà commencée."* Elle est déjà vécue, quoique inachevée. Mais comment sera-t'elle ? Et surtout que faut-il faire pour y avoir droit ? C'est la question du Scribe, c'est la nôtre aussi.

Jésus lui demanda : *" Dans la loi, qu'y a-t-il d'écrit ? Que lis-tu ? "* L'autre répondit : *" Tu aimeras le Seigneur ton Dieu, de tout ton cœur, de toute ton âme, de toute ta force et de tout ton esprit, et ton prochain comme toi-même "* Jésus lui dit : *"Tu as bien répondu. Fais ainsi et tu auras la vie éternelle. " (Lc 10, 26-27)*

" Elle est tout près de toi, cette Parole, elle est dans ta bouche et dans ton cœur afin que tu la mettes en pratique " (Dt 30, 14) Il suffit d'aimer ! La Loi de Dieu est simple pour qui écoute. Le salut se joue dans nos attitudes face au prochain. Tout ce que nous faisons aux autres atteint Dieu.

Pour vivre éternellement. Il faut donc aimer ! Aimer ! L'amour de Dieu et l'amour du prochain sont inséparables. Est-ce ainsi dans ma vie ? Le message de Jésus est clair. Aimer est la loi fondamentale. Elle est incontournable ; elle est la porte qui ouvre le chemin

Dans cette parabole du Samaritain, ce prochain que nous devons aimer, ce n'est pas d'abord ce blessé gisant sur la route, mais c'est ce Samaritain qui s'est fait le proche de l'autre. Ce n'est pas le miséreux, mais c'est celui qui en a eu compassion.

Nous devons aimer en premier lieu toutes les personnes qui se sont faits proches de nous pour venir à notre aide, ce qui ne nous dispense pas de devenir à notre tour le prochain des autres.

Notre prochain, c'est en premier lieu nos parents, nos premiers éducateurs. L'ingratitude envers eux est le péché qui s'oppose à l'amour des autres.

Notre prochain, c'est ensuite les personnes qui nous ont éduqué, toutes celles qui nous ont permis d'accéder au savoir, de forger notre personnalité, d'acquérir une profession ou de découvrir ce qui est essentiel dans la vie.

Mon prochain, c'est bien sûr mon conjoint, ce sont nos enfants qui nous ont tellement apporté. Nous leur devons un sentiment légitime de fierté. Ils consolident notre unité.

Mon prochain, c'est encore tous ces amis et amies qui tout au long de notre vie de couple étaient présents à nos côtés dans les moments de turbulence.

Mon prochain, c'est aussi mes compagnons de travail ou d'association, dans la mesure où ils ont été pour moi une présence stimulante et serviable.

Le prochain par excellence, c'est Dieu lui-même, puisque justement nous lui devons tout ! Il nous a tout donné, et en particulier la vie, sa vie et Jésus, son Fils unique. Qui aurait pu en faire plus ? Comment ne pas aimer ce Christ qui s'est tellement fait le prochain de nous et qu'il est venu partager notre vie ? Qui plus que lui s'est penché sur l'humanité pécheresse pour la conduire sur la route de l'amour ? Et c'est ainsi qu'aimer son prochain comme soi-même, c'est l'aimer par gratitude.

" *Va, et toi aussi fais de même* " *(Lc 10, 37b)* disait le Christ au légiste. Autrement dit, dans la disponibilité et l'écoute, deviens le prochain de l'autre. Sois celui qui est proche des gens dans le besoin, une façon indirecte de payer sa dette envers les personnes qui nous ont aidé.

homélie prononcée en l'église de Bièvre le 11 juillet 2004

Réflexion et méditation

L'homme de loi, cité dans l'évangile, était conscient de l'exigence de Dieu lorsqu'il demanda à Jésus : " Qui est mon prochain ? " (v 29) Pour cet homme, certaines personnes sont bonnes à aimer, d'autres pas.
Jésus lui montra l'obligation de ne pas faire de différence entre les gens, mais d'être simplement, à l'image de Dieu, motivé par la compassion, par l'amour et cela dans tous nos actes.

Le Samaritain a aimé et aidé cet homme (v 34 et v 35). Par contre le prêtre et le lévite employés au Temple de Jérusalem et pourtant proches du juif blessé (même race et même religion) s'en sont détournés (v 31 et v 32).

L'amour ne consiste pas seulement à s'émouvoir devant la détresse de l'autre. L'amour ne se limite pas à soulager les personnes qui souffrent. Ne calcule pas qui est ton prochain ! Fais-toi prochain, proche de ton frère, qui a besoin de toi, laisse-toi guider par cet appel à l'aide. Si tu considères le commandement de l'amour comme une obligation, tu n'aimes pas vraiment comme Dieu le veut. La charité n'est pas objet de paroles, mais d'action !

♦ Ton prochain est-il sans frontières de race, de religion, de préjugés, de haine entretenue ?
♦ Choisis-tu ton prochain parmi des gens intéressants, reconnaissants ?
♦ N'attends pas que l'autre vienne à toi et fais les premiers pas pour t'approcher de lui.

Seizième dimanche du temps ordinaire

Mise en condition

Laissons-nous enseigner par l'attitude de Jésus. Dans l'extrait précédent, nous étions sur la route de Jéricho, à 30 kilomètres de Jérusalem *(Lc 10, 25-37)*. Aujourd'hui, nous nous arrêtons dans un village qui n'est pas nommé, mais qui est Béthanie, à trois kilomètres du centre de la capitale. Au cours de cette route, l'évangéliste Luc nous montre Jésus parlant longuement à ses amis afin de les préparer au temps très proche où il ne sera plus avec eux. C'est dire l'importance des épisodes et des paroles qui jalonnent cette montée à Jérusalem. Ils sont présentés et commentés dans les homélies suivantes. Ce que nous dit l'évangile aujourd'hui, est important et doit se recevoir dans la foi.

Références dans la Bible : Gn 18, 1-10a ; Ps 14 (15) ; Co 1, 24-28 ; Lc 10, 38-42

Dieu s'invite. Comment l'accueillerons-nous ?

On sonne à notre porte, nous allons ouvrir et nous nous trouvons en face d'amis que nous n'attendions pas. Dans l'accueil de ceux-ci se vérifiera la qualité de notre hospitalité. En les recevant comme s'ils étaient attendus, nous leur témoignerons notre amitié et la joie sincère de passer avec eux quelques bons moments. Nous les invitons à notre table et nous faisons le maximum pour bien les recevoir.

La première lecture, tirée du livre de la Genèse, nous a révélé cette scène montrant la générosité d'Abraham et son sens aigu de l'hospitalité. La spontanéité d'Abraham qui court à la rencontre des visiteurs se présentant chez lui au moment le plus chaud du jour, sa déférence à leur égard, l'organisation de la réception imprévue et l'abondance de la nourriture sont les signes de sa générosité accueillante. Abraham reçut et écouta le Seigneur venu le visiter. Son accueil a été un acte de foi.

Et nous, savons-nous reconnaître le passage de Dieu à travers nos rencontres ? Quelle hospitalité réservons-nous dans notre maison, dans notre cœur et dans notre temps, au pauvre, au petit, à l'opprimé, à l'immigré ? Donnons-nous chichement ou généreusement ?

Jésus aimait les relations. Il a connu l'amitié. Il a apprécié l'hospitalité. Songeons à ces haltes à Béthanie. L'Évangile nous rappelle combien nos relations ne devraient pas passer à côté de l'essentiel : **l'écoute de la Parole de Dieu.** Dieu donne toujours à qui le reçoit. Accueillir sa Parole est toujours source de fécondité.

Une femme appelée Marthe reçut Jésus dans sa maison. Elle avait une sœur nommée Marie, qui se tenant assise aux pieds du Seigneur, écoutait sa Parole *(Lc 10, 38b-39)* Marthe est la figure la plus marquante du récit évangélique que nous venons d'écouter : Jésus est son hôte ; c'est elle qui le reçoit dans sa maison. Marie se trouve là, mais elle aussi est une invitée de Marthe. Jésus n'est pas un hôte ordinaire. Même pour ses amis les plus chers, il demeure un étranger ; mais quand il vient, il apporte la Parole de Dieu à ceux qui le reçoivent, et c'est cette Parole qui compte plus que tout.

La familiarité, avec laquelle Marthe parla à Jésus, indique bien qu'il y eut entre eux une relation profonde qui ne pouvait exister qu'entre deux personnes qui s'écoutent mutuellement.

Dans le service de l'hospitalité, il y a divers éléments essentiels : il faut recevoir l'hôte, converser avec lui, lui préparer un repas et lui offrir divers services. Il n'y a pas de véritable hospitalité sans tous ces éléments.. Marthe et Marie se partagèrent l'ensemble de ces éléments.

Lorsque Jésus dit à Marthe qui était en train de le servir que Marie a choisi la bonne part, il ne parla pas d'une supériorité objective. Il dit simplement que Marie a choisi la partie la plus agréable du service de l'hospitalité, et que cela ne lui sera pas enlevé.

Quant à Marthe, qui fit tout le service comme Jésus le fera lui-même à la dernière Cène, il l'invita à le faire sans préoccupations et sans nervosité. Tout ce que firent Marthe et Marie, constitue le service intégral de l'hospitalité. Les deux se complètent. Aucune partie n'est supérieure à l'autre.

La première lecture et l'évangile nous enseignent que Dieu ne veut pas seulement nous appeler à sa table, mais qu'il veut aussi être invité à la nôtre. Il veut être notre hôte, comme il fut l'hôte de Marthe qui le reçut dans sa maison. Il se présente à nous dans la personne de l'étranger, du pauvre, des rejetés, des réfugiés et des sans abris. Si nous écoutons sa Parole, Lui et son Père feront en nous leur demeure.

homélie prononcée en l'église de Oret le 22 juillet 2007

Catéchèse en famille

" Alors qu'il était en route avec ses disciples, Jésus entra dans un village." *(v 38 a)*
Sur quelle route nous suivons -nous   Jésus. Il s'agit de cette grande montée à Jérusalem qui prend tant de place dans le récit de Luc. Pas moins de dix chapitres. Dans l'extrait précédent, nous étions sur la route de Jéricho, à 30 kilomètres de Jérusalem. Ici, nous nous arrêtons dans un village qui n'est pas nommé, mais qui est Béthanie, à trois kilomètres du centre de la capitale.

Au cours de cette route, l'évangéliste Luc nous montre Jésus parlant longuement à ses amis afin de les préparer, sans doute, au temps proche où il ne sera plus avec eux. "Une femme appelée Marthe le reçut dans sa maison. Elle avait une sœur nommée Marie. " (versets 38 et 39) Elles avaient aussi un frère nommé Lazare. Les évangiles en parle trois fois.

Saint Jean, dans son évangile, nous dit : " *Jésus aimait Marthe et sa sœur Marie ainsi que Lazare.* " À l'occasion du deuil qui marqua cette famille, Jean a retenu que Jésus ait pleuré. Une autre fois, on vit Marthe en train de servir un autre repas et Marie aux pieds de Jésus. Ces détails nous révèlent que Jésus avait des amies et des amis. C'est aussi dans cette maison qu'il revint chaque soir de sa dernière semaine avant de mourir.

Voici donc au moins un endroit où Jésus a pu apprécier la douceur de l'amitié. Marthe intervint et dit : " *Seigneur, cela ne te fait rien ? Ma sœur me laisse seule à faire le service. Dis-lui donc de m'aider.* " Marthe est utile. Son service est indispensable.

> Jésus est honoré aussi par tout amour qui se met au service des autres. Je t'offre Jésus, les multiples tâches ménagères que j'accomplis avec amour au service de ma famille.

Dans ce récit Jésus trouve que Marthe se soucie et s'agite trop. C'est un de ses thèmes favoris. Il avait déjà dit que les soucis de la vie peuvent étouffer la Parole semée dans un cœur *(Luc 8, 14)*. Il demandera à ses apôtres de ne pas se soucier de leur vêtement *(Luc 12, 22-26)*.

Ami ! n'oublie pas l'essentiel, dit Jésus. Accueillons du Seigneur l'invitation qu'il nous fait de savoir nous ralentir un peu. Nous passons notre temps à courir, à galoper, à nous affairer. Le temps des vacances celui des congés payés pourrait devenir davantage un temps pour retrouver notre équilibre, pour vivre au lieu de courir ! Ami ! Je te le répète, n'oublie pas l'essentiel, dit Jésus.

La Parole de Dieu devrait passer avant tout autre souci temporel. Jésus nous a donné dans d'autres occasions, la même exigence : " *L'homme ne vit pas seulement de pain.* " *(Luc 4,4)*.

Ami ! n'oublie pas l'essentiel, dit Jésus.

Écouter la Parole de Dieu ! Voilà notre premier devoir. C'est dit Jésus la seule nécessité absolue, radicale. Ne pas écouter sa Parole, c'est bâtir sa maison sur le sable. *(Luc 6, 47-49)*

Le Christ ne pourrait-il pas me dire comme à Marthe : " Tu t'inquiètes et tu t'agites pour bien des choses. Uns seule chose est nécessaire ! "

Dix-septième dimanche du temps ordinaire

Mise en condition

Quand tu veux prier, dis : "Père" C'est comme cela que tu dois commencer. Le dire avec la certitude d'être aimé tel que tu es, et tel que tu as été. C'est seulement lorsque tu t'es approché de Dieu en lui disant Père, que tu commences ta prière, en lui parlant de Lui-même.

Que ton Nom soit sanctifié, ce qui veut dire : à toi de le faire connaître et aimer autour de toi pour que tous les gens que tu rencontres aient eux aussi la joie de goûter à son amour infini.

Références dans la Bible : Gn 18, 20-32 ; Ps 137 ; Co 2, 12-14 ; Lc 11, 1-13

Seigneur, apprends-moi à prier

Jésus priait souvent et longtemps. Jésus est un maître de la prière par l'exemple qu'il nous donne et par ses conseils. Jésus apprends-moi donc à prier car je ne sais pas prier comme il faut. Jésus nous enseigne comment nous devrions nous adresser au Père des cieux, le créateur de l'Univers.

Quand vous priez, dites : Père. " (Lc 11, 2)

Quand tu parles à Dieu, parle-lui tout simplement comme un enfant parle à son père. Un enfant, lorsqu'il s'adresse à son père ne cherche pas ses mots, il laisse son cœur s'exprimer et son père en est ravi. Merci Seigneur de nous avoir montré comment nous devrions prier ! C'est formidable pour moi de penser que je peux te dire : Père !, Papa, "le Bon Dieu " comme aimait t'appeler sainte Thérèse de Lisieux.

> Puisque tu es son enfant, alors, tu peux compter sur Dieu ! Tu es unique pour Lui ! Car tu connais comment fonctionne un vrai père.

Avant de te demander quelque chose, Père, je désire te dire combien je souhaite que tu sois honoré, adoré : Que ton nom soit sanctifié ! Je suis triste, Père, que tant de personnes ne parlent jamais de toi ; je souhaite que partout ton nom soit reconnu saint et sacré car seule une attitude filiale à la suite de Jésus te glorifie pleinement.

Que ton règne vienne ! Que ton immense projet de salut pour tous se réalise au plus vite : nous regrouper tous derrière ton Fils, pour nous faire un jour partager ton bonheur.

Que ta volonté soit faite ! OUI, j'ose te dire cela dans ma prière car ta volonté, c'est le bien–être de tous. Ta volonté, c'est que nous ne souffrions pas, mais que nous vivions pleinement.

Donne-moi le pain dont j'ai besoin chaque jour. D'avance Père, je te dis merci.

> Ce pain c'est aussi la Parole de Dieu qui nous fait vivre.

Pardonne-mes péchés. C'est vrai que je fais souvent des bêtises et Toi, qui est un Père formidable, tu ne demandes qu'à pardonner. Dès que tu vois dans mes yeux les larmes du repentir. Pardonne-moi de ne pas assez croire à ta miséricorde et à ton amour. Pardonne-moi d'avoir douté de ton pardon.

> Le pardon de Dieu libère les cœurs et les fait revivre. Ce pardon, nous devons l'accorder aux autres si nous-mêmes nous voulons être pardonnés par

Pardonne-moi de mon manque de confiance en toi.

Avant d'aller plus loin dans ma prière, je m'arrête un instant, et je pardonne du fond du cœur aux personnes qui m'ont fait du tort. Ne me soumet pas à la tentation. Cette tentation est surtout celle du désespoir qui accompagne l'impression d'être abandonné de Dieu ; le Christ l'a connue au jardin des oliviers.

La plus grande tentation, la pire de toutes, c'est celle de perdre la foi.

Jésus disait à ce sujet : le Fils de l'Homme, quand il viendra, trouvera-t-il la foi sur la terre ? " *(Lc 18,8)* Oui, frères et sœurs, la grande tentation, c'est d'abandonner Jésus. Mais toutes nos autres tentations, toutes nos défaillances, nous font chaque jour un peu plus abandonner Jésus.

Jésus, elle est magnifique ta prière que tu nous a donnée pour nous adresser à ton Père. Je voudrais y ajouter quelques mots en lui disant de toutes mes forces : " **PÈRE, DE TOUT MON CŒUR, JE T'AIME.** "

homélie prononcée dans les églises de Morialmé et de Oret le 29 juillet 2007

Catéchèse en famille

Quand tu veux prier, dis : Père ! C'est comme cela que tu dois commencer ta prière. Dire "Père " à Dieu, le créateur de l'Univers. Dire "Père " avec la certitude d'être aimé tel que tu es, et tel que tu as été. C'est seulement lorsque tu t'es approché de Dieu en lui disant "Père" que tu commences ta prière, en lui parlant de Lui-même : "Que ton Nom soit sanctifié " ; c'est-à-dire : à toi de le faire connaître et aimer autour

de toi pour que tous ceux et celles que tu rencontres aient eux aussi la joie de goûter à son amour infini.
Que ton règne vienne : Dieu il t'aime vraiment. Ne l'oublie jamais ! Sa volonté est que nous nous aimions les uns les autres comme il nous aime. "

" J'exhorte les familles à vivre la dimension chrétienne de l'amour dans les simples actions quotidiennes, dans les relations familiales en surmontant les divisions et les incompréhensions, en cultivant la foi qui rend la communion encore plus solide." (Benoît XVI, 02 mai 2010)

Donne-nous aujourd'hui le pain de chaque jour. Chaque jour, Dieu s'intéresse à toi. Demande lui seulement ce que tu as besoin pour vivre. Mais n'oublie pas, si tu ne manques de rien de prendre soin des autres en partageant.

Pardonne-nous nos péchés, car nous-mêmes nous pardonnons à toutes les personnes qui ont des torts envers nous. C'est bien que tu te sentes pardonné par Dieu, le Père de tous ! La paix reçue de son pardon te donne envie de la communiquer autour de toi. Avec l'aide de Dieu, tu dois avoir le courage de pardonner à ceux et à celles qui t'ont fait du tort.

Ne nous soumets pas à la tentation : tu veux vraiment faire du bien autour de toi, mais il arrive que tu fasses parfois du mal. Appuie-toi sur Dieu, sur sa force et sur sa lumière pour choisir de faire le bien.

Dix-huitième dimanche du temps ordinaire

Mise en condition

C'est aujourd'hui le dimanche des vraies valeurs : celles qui ne passent pas, celles qui viennent de Dieu. À cette lumière, apprenons à reconnaître nos efforts, nos inquiétudes, nos passions. Il est plein de bon sens, cet homme *(première lecture)* qui déclare : " *la richesse, la capitalisation des biens, ce n'est que du vent.* " Luc sait que les richesses risquent de nous empêcher de prendre l'évangile au sérieux. *(homélie)*

Vous avez reçu gratuitement, donnez gratuitement. Donnez de votre argent. Donnez surtout de votre cœur. (Mt 10, 7-8)

Références dans la Bible : Ecclé 1,2 ; 2, 21-23; Ps 94 ; Co 3, 1-5.9-11 ; Lc 12, 13-21

Ne vous trompez pas de but !

Frères et sœurs, les lectures de ce jour vont toutes dans le même sens : " Ne vous trompez pas de but ! L'essentiel n'est pas le service de l'argent et du profit, c'est être au service des autres. C'est notre vie qui est la première et non la richesse. Notre vie ne dépend pas des richesses. *(Lc 12, 15b)* Jésus le montra en racontant une parabole.

Le riche propriétaire terrien dont parle l'Évangile présente les signes extérieurs de la richesse. Ses terres avaient beaucoup rapporté, son principal, et unique souci, est de savoir où il va pouvoir entreposer son blé, son huile et son vin car ses entrepôts étaient devenus trop exigus.

Il a donc deux objectifs : agrandir ses dépendances et profiter au maximum de ses magnifiques récoltes. Son idéal de vie est à la hauteur de sa table, de son lit ou de son fauteuil : " *Te voilà avec des réserves en abondance. pour de nombreuses années. Repose-toi, mange, bois, jouis de l'existence !* " *(Lc 12, 19)*

Cet homme, est un bel exemple du parfait matérialiste : il croit fermement au bonheur par les biens que l'on acquiert. Jésus, dans son histoire, le stigmatise en soulignant son égoïsme qui a au moins le mérite d'être franc : " Moi... Moi... Je ... Je... Je... Je ferai... Je démolirai... Je construirai... Mes récoltes, mes greniers, mon blé, ... **MOI** !

Mais Dieu lui dit *: "Tu es fou ! Cette nuit même, on te redemande ta vie. Et ce que tu as mis de côté qui l'aura ? " (Lc 12, 20)* Non seulement, il n'a pas la sagesse de prendre la mesure de ses jours, comme dit le psalmiste *(Psaume 89)* mais il a construit sa vie sur l'accumulation des richesses, acquises par son âpreté au gain, dont il n'est pas du tout sûr de profiter.

À quoi bon amasser ce que l'on n'emportera pas ? L'âpreté au gain ne va pas sans conséquences désastreuses. Ainsi, par exemple, combien de gens sacrifient tout : équilibre, famille, bonheur présent pour acquérir les moyens d'être heureux demain.

Pour l'Ecclésiaste *(première lecture)*, c'est peine perdue que d'amasser des richesses qui seront dépensées par un autre. L'expérience confirme que bien souvent une génération dépense ce que la précédente a amassé en travaillant dur.

Fou ! Insensé ! Tous les calculs du riche se révèlent tragiquement faux. Il s'était complètement trompé : la richesse ne donne pas le vrai bonheur ; il n'y a aucun lien entre l'abondance de nos biens et la vraie sécurité.

La Bible ne cesse d'opposer le fou à l'homme sensé et par cette parabole, Jésus aussi veut faire comprendre que c'est manquer d'intelligence que de ne pas savoir discerner les vrais biens, le vrai sens de la vie. Dieu est le bien suprême, et la sagesse consiste à situer toute chose dans cette perspective. La vraie réussite d'une vie en dépend.

Dans sa lettre aux Colossiens, Paul invite ceux-ci à " Recherchez les réalités d'en haut : c'est là qu'est le Christ…Le but de votre vie est en haut et non pas sur terre." *(deuxième lecture)*. Faire cette démarche, c'est découvrir ou redécouvrir le vrai sens de la vie

Fou, le riche qui réduit son horizon à la terre, à ses récoltes, ses greniers, son ventre. Frères et sœurs, notre vie ne s'achève pas sur cette Terre. Cependant, ne faussons pas la pensée de Jésus : la richesse n'est pas mauvaise en soi. L'argent peut devenir bon, s'il n'est pas uniquement pour soi-même.

En résumé

Cette page de l'Évangile selon Luc, est un plaidoyer pour l'ouverture du cœur. Si le riche avait su engranger le trop plein de ses greniers dans la main des pauvres, il aurait vu s'agrandir son cœur et ainsi devenir **riche en vue de Dieu.** *(Lc 12, 21b)*

Et nous, pour être riches, en vue de Dieu, quelle conversion avons-nous à faire : disponibilité de vie, don de nous-mêmes, respect des plus pauvres, visiteurs de malades, bénévoles dans des actions au profit des plus démunis, des sans abris, des immigrés, des abandonnés… ?

Réflexion et méditation

Un homme de la foule réclama l'intervention de Jésus dans un partage. Jésus refusa. *(versets 13 et 14)*. Jésus profita de l'incident pour mettre ses auditeurs en garde contre l'avarice. Il leur raconta la parabole de l'homme riche qui contemplait avec satisfaction les produits de ses champs en se promettant des années de jouissance mais à qui Dieu redemanda son âme cette même nuit. Telle est la condition de celui qui amasse pour lui-même et qui ne possède pas Dieu. *(versets 15 à 21)*

La pensée des pauvres, du bien qu'il pourrait faire, n'abordait même pas l'esprit du riche ; son égoïsme était total. Il s'agissait de jouir, et c'est à son âme (versets 18 et 19), qu'il fit un discours satisfait : " Tu as pour beaucoup d'années de biens, repose-toi, mange, bois et réjouis-toi." Son bonheur semblait assuré !

Ni les biens ni leur surabondance n'assurent la vie ; ni la vie du corps qui est dans les mains de Dieu *(verset 20)*, ni la vie de l'âme qui ne peut être garantie en aucune manière par la possession de biens matériels. Les grandes, comme les petites richesses, risquent de nous empêcher de prendre l'Évangile au sérieux. Ne cherchons-nous pas parfois à justifier par l'évangile nos prises de position sur la propriété privée, sur la libre concurrence, sur le type de société que nous voulons faire naître ?

Pour être riche, en vue de Dieu, quelle conversion avons-nous à faire ? Pauvreté, disponibilité de vie, don de nous-mêmes, respect des plus démunis, accueil de l'étranger ?

Dix-neuvième dimanche du temps ordinaire

Mise en condition

Quelle image nous faisons-nous de Dieu : Dieu puissant et sévère ou qui nous propose d'entrer dans une relation intime avec nous ? Au milieu de nos tempêtes, Jésus vient à notre secours et nous tend la main. N'aie pas peur, tend-lui tes mains.

Références dans la Bible : Sg 18, 6-9 ; Ps 32 ; Hé 11, 1-2.8-19 ; Lc 12, 32-48

N'ayez pas peur petit troupeau !

Jésus disait à ses disciples : " *Soyez sans crainte, petit troupeau, car votre Père a trouvé bon de vous abandonner le Royaume* " *(Lc 12, 32)* C'est au cours de sa montée à Jérusalem que Jésus essaie de réconforter son petit groupe de disciples en l'appelant de ce terme affectueux "petit troupeau". Le troupeau, guidé par son berger, est une image traditionnelle dans la Bible pour exprimer que Dieu aime et protège son peuple.

N'aie pas peur ! Ne crains pas, petit troupeau ! Aujourd'hui, Jésus me redit cette même parole, en mes moments d'épreuve. Aujourd'hui, Jésus redit cela à L'Église , en ses crises. Pour quelle raison devons-nous bannir la peur selon Jésus ? " *Parce que votre Père a trouvé bon de vous donner le Royaume."* Votre vie a un sens, en Dieu, même si pour une raison ou pour une autre, elle semble être un échec ; elle a un sens, même si vous êtes lâchés par vos amis et vos amies, si vous êtes incompris de tous.

Toute la vie de Jésus proclame que Dieu donne son Royaume aux pauvres, aux paumés, aux trébuchants et aux personnes qui l'ont abandonné, quelle qu'en soit la raison. Tous ces gens peuvent en Jésus, ne pas désespérer car le Royaume est un don du Père qui a trouvé bon de vous combler.

"Restez en tenue de service, et gardez vos lames allumées. Soyez comme des gens qui attendent leur maître à son retour de noces, pour lui ouvrir dès qu'il arrivera et frappera à la porte." (Lc 12, 35) En nous détachant des valeurs et des succès illusoires, notre cœur peut trouver enfin son trésor et être heureux.

Jésus nous suggère de concevoir notre vie comme un rendez-vous d'amour. Préparer mon cœur pour quelqu'un qui vient. Oui, frères et sœurs, Dieu vient vers chacun de nous, il s'approche, il vient à notre rencontre, il est là devant notre porte. Le recevrons-nous chaleureusement ?

Son amour est sur nous. Notre espoir est-il en lui ? " *Que ton amour, Seigneur, soit sur nous comme notre espoir est en toi* " *(Ps 32, 22)* Oui, Dieu vient lui-même, à nous, en Jésus Christ. Ses paroles ne cessent de chercher le chemin de nos cœurs. Il veille sur nous. Il nous libère de nos peurs.

" Heureux, les serviteurs que le maître trouvera en train de veiller " (Lc 12, 37) Le serviteur fidèle est celui qui a veillé. Pour un chrétien qu'est-ce que la fidélité ? La fidélité est confiance en celle de Dieu car Lui, Il est toujours fidèle. Dieu ne renonce jamais à son projet d'amour et de salut, quelles que soient nos trahisons et nos abandons.

La fidélité est vigilance : garder sa conscience et son attention en éveil évite d'être pris au dépourvu et emporté au premier coup dur. La fidélité est amour. Aimer vraiment est synonyme d'attachement sans limite de temps et d'intensité. La vraie fidélité fait avancer avec un cœur neuf. Comme les Hébreux furent prêts à partir sur l'ordre de Dieu pour sortir d'Égypte, soyons prêts à faire face à l'événement. *(première lecture)*

Ainsi, par exemple, en acceptant telle ou telle responsabilité dans notre milieu de vie ou dans notre communauté paroissiale ou en portant témoignage de notre foi, que la promesse de Dieu soit notre assurance. Vivons la solidarité qui nous lie à notre milieu et celle qui nous lie à l'Église non seulement quand tout va bien mais aussi dans les moments difficiles.

En résumé

Frères et sœurs, mettons notre espoir dans le Seigneur, faisons preuve de vigilance, d'espoir et de confiance. L'Eucharistie est le moment privilégié où Dieu vient nous faire passer à table, nous servir et nous remettre à l'heure de Dieu. Autrement dit : Soyons en tenue de service avec nos lampes allumées !

Vingtième dimanche du temps ordinaire

Mise en condition

Être chrétien aujourd'hui n'est pas une situation de tout repos. Les chrétiens en bien des endroits dans le monde vivent dans un environnement hostile et rencontrent l'épreuve. Ils se trouvent alors devant un choix à faire : pour ou contre la facilité, les aises, les succès, et en définitive, pour ou contre le Christ. Cette mise à l'épreuve de la foi, Jésus en parle comme d'un feu (*évangile*). qui rende notre foi plus solide. Nous devons tenir le cap. Sûrs de la victoire du Christ, marchons avec lui. C'est une bonne leçon contre le découragement que Jésus nous donne. Le Seigneur est toujours là pour nous tirer du gouffre , pour nous accueillir *(Ps 39, 3)*

Références dans la Bible : Jr 38, 4-10 ; Ps 39 ; He 12, 1-4 ; L 12, 49-53

Je suis venu apporter un feu sur la terre

" Je suis venu apporter un feu sur la terre. " (Lc 12, 49) En disant cela, Jésus pense à sa passion : il doit être baptisé d'un baptême qui le mettra dans l'angoisse : *" Je dois recevoir un baptême, et comme il m'en coûte d'attendre qu'il soit accompli " (Lc 12, 50)* Jésus doit subir sa passion, comme un baptême de sang, pour qu'arrive le Règne de Dieu.

Le baptême dont Jésus parle, c'est sa mort. L'un et l'autre sont le passage radical d'une sorte de vie à une autre, mille fois plus belle. Jésus voudrait déjà avoir donné sa vie pour ceux qu'il aime.

Le règne de Dieu viendra comme un feu purifiant séparer les justes et les pécheurs et il provoquera des divisions dans les familles entre ceux qui l'accueilleront comme une bonne Nouvelle et ceux qui voudront le refuser. Le feu que Jésus est venu apporter sur la terre est le feu de l'amour, le feu de l'Esprit. Il est une image de Dieu. Ce feu est lumière et chaleur réconfortante et les gens qui se laisseront embraser par lui le communiqueront à leur tour.

Ce feu spirituel brûla au cœur de deux disciples sur la route d'Emmaüs. *"Notre cœur n'était-il pas brûlant en nous, tandis qu'il nous parlait sur la route, et qu'il nous faisait comprendre les Écritures ? " (Lc 24, 32)*

Ai-je permis à ce feu de m'embraser ? De quelle manière puis-je dire que je contribue à le transmettre ?

Jésus dit qu'il n'est pas venu mettre la paix dans le monde, mais plutôt la division : *" Pensez-vous que je sois venu mettre la paix dans le monde ? Non, je vous le dis, mais plutôt la division. " (Lc 12, 51)* Il y a une sorte de paix que Jésus refuse absolument, par exemple quand nous nous taisons pour avoir la paix. Il y a des affrontements qui sont sains, car porteurs d'avenir, et des paix qui sont malsaines... Nous préférons parfois nous taire alors que nous savons bien qu'il serait préférable de parler.

Ne sommes-nous pas souvent lâches comme le roi Sédécias qui n'osa pas prendre position pour défendre Jérémie ? *(Jr 38, 5)* Au contraire, l'Éthiopien Ebed-Mélek, lui, osa dire son désaccord ! *(Jr 38,98-10)* Osons-nous nous opposer aux autres quand ils ont fait des choses mauvaises ? Ou bien estimons-nous que ça ne nous concerne pas, que c'est leur problème.

L'Évangile demeure-t-il pour nous une force de contestation des ambiguïtés et des trahisons, des situations acquises par l'injustice et la violence, ou bien ne l'avons-nous pas ignoré pour avoir notre tranquillité ?

La foi est une course d'endurance qu'il faut courir les yeux fixés sur Jésus. Nous sommes-nous compromis pour Jésus Christ et son Évangile ? Prenons conscience que nous ne sommes pas seul à nous débattre dans les difficultés : ceux qui nous ont précédés, qui ont vécu dans la foi, foule immense de témoins, sont là qui nous entourent !

Méditons l'exemple de Jésus qui a enduré, sans avoir de honte, toutes les humiliations de la part des pécheurs et qui règne maintenant avec Dieu. Alors nous tiendrons bon, résistant au découragement !

Vingt-et-unième dimanche du temps ordinaire

Mise en condition

"Je viens rassembler les hommes de toute nation et de toute langue. Ils viendront et ils verront ma gloire. " (Is 66, 18) Tel est le projet de Dieu pour nous. Ce projet a été inauguré par Jésus, lui qui, sur la croix, a étendu l'amour de son Père jusqu'aux extrémités du monde. Le Père veut nous faire entrer tous dans son Royaume, mais il ne transige pas avec le Mal. Seules entreront les personnes qui auront suivi le chemin de l'Évangile.

Références dans la Bible : Is 66, 18-21 ; Ps 116 ; He 12, 5-13 ; Lc 13, 22-30)

Seigneur n'y aurait-il que peu de gens à être sauvés ?

" Seigneur n'y aurait-il que peu de gens à être sauvés ? " *(Lc 13, 22)* Cette question redoutable posée à Jésus nous est parfois adressée à nous aussi et nous met dans l'embarras. Comment parler du salut ? Comment concilier l'amour de Dieu pour toutes les personnes sans exception et son respect de leur liberté ? Si tout le monde va au ciel, alors il ne faut pas s'en tracasser... Si très peu y vont, pourquoi faire tant d'efforts ?

Dans l'Évangile selon Luc, au chapitre 13, Jésus renvoie chaque personne à la décision qu'elle doit prendre. Dieu sauve les hommes gratuitement. Mais, il ne les sauve pas malgré eux, sans leur accord. Il leur laisse la liberté de s'opposer à son don bienveillant.

Dieu nous laisse le choix, la liberté de refuser l'amour qu'il propose. Jésus veut nous rendre responsable de notre destin et pour nous le faire comprendre, il utilise une image très fréquente dans la Bible : le royaume de Dieu est comparable à une salle de festin. Mais, il ajoute : *" Efforcez-vous d'entrer par la porte étroite, car, je vous le déclare, beaucoup essayerons d'entrer mais ils ne le pourront pas ! "* (Lc 13, 24) Il est donc urgent de nous poser la question : "Pour gagner le ciel, quel est donc mon combat à moi ?" Sur quels points précis dois-je porter mon attention et me remettre en question ? Le temps presse, demain il sera trop tard. Oui, un jour pour toi pour moi, il sera trop tard !

Combien de temps nous reste-t-il ? Il faudrait que nous vivions chaque jour comme si c'était le dernier. Pour aller à la fin de notre vie au ciel, il faut le vouloir, il faut se battre pour, il faut opter pour Jésus !

Ce n'est pas l'appartenance à un groupe, à une communauté, à une paroisse, ni la pratique de quelques rites, assister à la messe de temps en temps, qui peuvent nous donner une illusoire assurance... C'est l'engagement de toute notre personne à la suite de Jésus. Et surtout ne jugeons pas les autres. Dans notre prière, demandons à Jésus de nous aider à lui redire Oui.

Avez-vous du mal à croire ?

Si vous avez du mal à croire, retenez le récit des deux voyageurs découragés qui rencontrèrent Jésus sur la route d'Emmaüs. *(Lc 24, 13-35)* Retenez aussi la vigoureuse affirmation de Pierre qui a vu le Seigneur et qui proclame sa foi en la résurrection *(Ac 2, 14-28)* : annoncer la résurrection pour Pierre et les disciples, c'est se porter témoins qu'un homme connu des juifs de Jérusalem pour avoir fait parler de lui, un homme que ces mêmes juifs par lâcheté ou indifférence ont livré au gouverneur romain pour qu'il soit mis à mort, cet homme est ressuscité par la volonté de Dieu. Que notre espérance dans la résurrection soit enracinée dans l'histoire même de Jésus et du témoignage des apôtres.

Vingt-deuxième dimanche du temps ordinaire

Mise en condition

La vie en société devient désagréable et pénible lorsque chacun cherche à s'imposer et à se faire valoir. Il existe de nombreux manuels de bonnes manières pour savoir comment bien organiser une fête, une réception, pour que chaque invité se trouve à l'aise à table et ne se sente pas blessé dans son honneur.

Aujourd'hui dans l'Évangile, Jésus nous donne des indications très précises sur le protocole. Il ne se contente pas de nous apprendre comment nous devons nous comporter en société ; Il nous invite à un exercice de lucidité sur nous-mêmes et à rejoindre le regard que Dieu porte sur nous et sur les autres. Lui seul est capable d'aimer chaque personne telle qu'elle est parce que lui seul la regarde uniquement et toujours dans la lumière de son amour.

Références dans la Bible : Si 3, 17-18.20.28-29 ; Ps 67 ; He 12, 18-24a ; Lc 14, 7-14

L'humilité est une qualité divine

" Mon fils, accomplis toute chose dans l'humilité, et tu seras aimé plus qu'un bienfaiteur. " (Si 3,17)
Tout accomplir dans l'humilité ! Dieu aime les humbles. L'humilité est une qualité divine. Une passion divine qui a pris chair en Jésus Christ. Dès la première lecture, nous rencontrons la tonalité de la liturgie de la Parole pour cette célébration : Ben Sirac le Sage nous appelle à l'humilité dans notre façon de vivre. il s'est voulu être à l'écoute du réel ; il nous livre son expérience.

" L'idéal du sage, c'est une oreille qui écoute. " (Si 3, 29) Être à l'écoute du réel suppose l'humilité pour se laisser enseigner par la vie, par les autres et par Dieu, sans y projeter nos idées toutes faites. Est-ce bien ainsi que nous vivons ?

Être attentif à la Parole de Dieu : c'est essentiel de l'écouter et de la mettre en pratique dans notre vie. En agissant ainsi, nous serons des disciples et des amis de la Sagesse.

Ben Sirac a su admirer l'efficacité des gens qui agissaient avec douceur et humilité : ces personnes savaient se faire aimer des autres et restaient petites devant Dieu. Mettons cette douceur et cette humilité dans notre vie, dans nos activités, vis-à-vis des nôtres, de nos subordonnés, de nos camarades d'équipe ou de travail. Ne cherchons pas à imposer nos vues ; mais cherchons plutôt à nouer le dialogue.

Soyez humbles et vous verrez vos richesses et vos pauvretés avec lucidité. L'humble porte sur les autres un regard bienveillant qui reconnaît toujours en eux quelque chose de positif. Cette attitude est source de paix et elle est constructrice de bonnes relations où chaque personne est respectée et entraînée à fournir le meilleur d'elle-même.

À l'opposé, l'orgueilleux ne voit que lui : il est enfermé en lui-même. Son regard sur les autres est mauvais parce que leurs qualités et réussites lui font une ombre qu'il ne supporte pas ! Finalement, il est malheureux car il ne trouve ni paix ni amour. Ben Sirac le décrit très bien : " *La condition de l'orgueilleux est sans remède, car la racine du mal est en lui.* " *(Si 3, 28)* Et l'évangile en donne le résultat : " *Qui s'élève sera abaissé.* " *(Lc 14, 11)*

Oui, frères et sœurs, nous avons de bonnes raisons d'acquérir la vertu d'humilité. D'abord pour une simple question de bon sens. Le Christ le rappelle clairement : " *Quand tu es invité à des noces, ne va pas te mettre à la première place, car on peut avoir invité quelqu'un de plus important que toi. Alors celui qui vous a invités, toi et lui, viendrait te demander de lui céder ta place et tu irais plein de honte, prendre la dernière place.* " *(Lc 14, 8-9)*

L'Évangile ne dit pas que la première place est mauvaise en soi : il lui donne une autre destination, celle du service et du don de soi : " *Si quelqu'un veut être le premier, qu'il soit le serviteur de tous !* " *(Mt 10, 44)*
Jésus en a donné l'exemple tout au long de sa vie terrestre : " *Le fils de l'Homme n'est pas venu pour être servi, mais pour donner sa vie en rançon pour la multitude. (Mt 10, 45)*

Dans la deuxième partie de l'Évangile, Jésus prend totalement à contre-pied nos manières d'inviter qui consistent à convier les personnes qui en retour, nous rendront la pareille. L'humilité, enseignée par le Christ, appelle à accueillir les pauvres, les petits, les marginaux. *(Lc 14, 12-14)* Cette humilité là est gratuité. Elle est la Sagesse de Dieu ! Elle est sa grandeur à relever et élever ces personnes, trop souvent exclues de notre société de consommation.

> **Il est plus grand que notre cœur, le cœur de Dieu !**

L'humilité est le chemin vers la sainteté, elle donne de la valeur aux choses les plus simples. Dieu est humble car il est Amour et l'amour ne se dit jamais supérieur. Jésus a rendu visible cette humilité de Dieu : il a tellement pris la dernière place que personne ne pourra jamais la lui ravir. L'humilité fait emboîter le pas à la vierge Marie quand elle chante dans le Magnificat *: " Il comble de biens les affamés, il élève les humbles.* " *(Lc 1, 52b-53a)* Rendons grâces à Dieu qui élève les humbles. *(Psaume 67)*

homélie prononcée dans les églises de Stave et de Flavion le 29 août 2010

Réflexion et méditation

Tous les peuples, partagent un certain nombre de codes et de conventions qui règlent les comportements de chacun dans la vie en société. Ces codes forment ce qu'on appelle la politesse, le savoir vivre, les bonnes manières, ou encore l'étiquette. Ces codes de comportement facilitent les relations entre les personnes, ils contribuent à créer une harmonie sociale. Ils définissent également ce qui est attendu, permis ou interdit dans certaines situations, dictent les obligations de chacun envers la hiérarchie sociale, entre hommes et femmes (la galanterie). Souvent, ils permettent aussi de situer quelqu'un par rapport à la norme : l'ignorance ou la connaissance de certains protocoles révèlent un manque dans l'éducation.

La vie en société devient désagréable et pénible lorsque nous cherchons à nous imposer et à nous faire valoir. Il existe de nombreux manuels de bonnes manières pour savoir comment bien organiser une fête, une réception, pour que chaque invité se trouve à l'aise à table et ne se sente pas blessé dans son honneur. C'est une question de bon sens que ne pas se précipiter lors d'une invitation à un dîner pour occuper les premières places. Ce n'est pas seulement des conseils de prudence et de bonne tenue à table que donne Jésus.

Dans ce passage de l'Évangile de Luc, Jésus nous donne des indications très précises de protocole : *"Quand tu es invité à des noces, ne va pas te mettre à la première place, car on peut avoir invité quelqu'un de plus important que toi."*

Alors, celui qui vous a invités, toi et lui, viendrait te dire : " Cède-lui ta place',et tu irais, plein de honte, prendre la dernière place. " (Lc 14, 10a) Jésus ne se contente pas de nous apprendre comment nous comporter en société ; Il nous invite à un exercice de lucidité sur nous-mêmes et à rejoindre le regard de Dieu sur nous et sur les autres. Lui seul est capable d'aimer chaque personne telle qu'elle est parce que lui seul la regarde uniquement et toujours dans la lumière de son amour.

Luc, dans ce récit, veut nous fait comprendre que Jésus donne un avertissement sévère sur les conditions d'admission dans le Royaume des cieux : les premières places dans le Royaume des cieux ne seront pas pour les personnes qui les recherchent !

Nous devons bannir en nous toute ambition et tout sentiment de supériorité pour nous faire petit devant Dieu qui élève les humbles et abaisse les orgueilleux. Accordons le meilleur de notre attention et de notre amour aux plus démunis de tout ; ils ne peuvent pas nous le rendre en retour. Cet amour gratuit et désintéressé que nous leur donnerons trouvera sa récompense lors de la résurrection. En agissant ainsi, nous gagnerons le cœur de Dieu.

> **Seigneur, donne-moi de te rejoindre à la place qui fut la tienne, celle du serviteur.**

Vingt-troisième dimanche du temps ordinaire

Mise en condition

Les lectures de ce dimanche nous rappellent les conditions pour devenir un disciple du Christ Pour être son disciple, il s'agit en premier lieu d'apprendre ce que sont les volontés du Seigneur *(première lecture)*, d'ouvrir nos yeux dans son amour *(psaume 89)*. Puis vient le moment de la décision, parfois difficile : être son disciple.

Être disciple du Christ, c'est l'aimer et cela ne peut se faire à moitié. Être disciple de Jésus, c'est marcher à ses côtés, c'est à dire, suivre le même chemin. Ce chemin, qui mène à la vraie vie, suppose de porter sa croix. *"Celui qui ne porte pas sa croix, pour marcher derrière moi, ne peut pas être mon disciple "* (Lc 14, 27)

Porter sa croix, c'est d'abord consentir à ce qui arrive, à l'événement imprévu, à ce que nous n'avons pas choisi, au poids de notre héritage, à ce qu'il y a de douloureux dans notre vie et à quoi nous ne pouvons rien.

> **Si nous voulons être disciple de Jésus, nous devons nous détacher de tout ce qui n'est pas Lui.**

C'est la seule attitude prudente, car autrement l'on ne peut être heureux parce qu'étant divisé entre deux maîtres. L'Évangile de ce dimanche est une invitation pressante à tenir bon dans la foi, quoiqu'il nous en coûte.

Références dans la Bible : Sg 9, 13-18 ; Ps 89 ; Phm 9b-10.12-17 ; Lc 14, 25-33

Qui peut comprendre les volontés du Seigneur ?

Jésus connaissait la faiblesse de ses disciples. Sur la route de Jérusalem où il s'avançait, accompagné de ses disciples et d'une grande foule, il se retourna et leur dit : *" Si quelqu'un vient à moi sans me préférer à son père, sa mère, sa femme, ses enfants, ses frères et sœurs, et même à sa propre vie, il ne peut pas être mon disciple."* (Lc 14, 26)

Dans ces foules qui marchèrent avec Jésus, combien de personnes adhérèrent complètement à sa personne et à son message ?

Luc a écrit ce passage d'Évangile pour les chrétiens de son temps ; mais il nous interpelle aujourd'hui sur la vérité de notre option chrétienne. Au témoignage même de Jésus, être son disciple exige de le préférer à notre famille et à notre vie. C'est-à-dire à l'aimer plus que tout.

Il ne s'agit donc pas de suivre le Christ de temps en temps, mais de l'aimer plus que tout, plus que soi-même, jusqu'à embrasser la croix à sa suite.

Pour être vraiment son disciple il faut aussi porter sa croix, c'est à dire affronter avec courage l'épreuve. Jésus ne s'adresse pas à une élite, mais à toutes les personnes qui veulent vivre en chrétien dans le concret de leur vie.

Chaque jour, selon les évènements qui s'y présentent, nous sommes placés devant des choix où devrait s'exprimer concrètement notre préférence pour

le Christ et sa Parole. À titre d'exemple : gérer honnêtement ses affaires, être solidaire de la personne souffrante, défendre la vie à naître et celle qui décline, rester fidèle à son conjoint, refuser la violence.

> **Quels obstacles m'empêchent de suivre le Christ ?**
>
> **Mon égoïsme, mon amour propre, ma timidité, mon respect humain, l'amour de l'argent ou de la recherche de mon confort ?**

Dans la seconde lecture, Paul demandait à son disciple Philémon, de traiter son esclave Onésime, de retour après sa fuite, comme un frère. Selon la loi romaine, le fugitif pouvait être puni de mort ; mais selon l'enseignement de l'Évangile, Philémon devait le traiter en homme libre : tel devrait être le choix d'un disciple du Christ.

Ne nous arrive-t-il pas à nous aussi, d'être face à des choix comparables quand nous savons que ce qui est légal n'est ni moral ni conforme à l'Évangile ? Sans réflexion sur nos moyens et sur nos faiblesses, sans écoute de Dieu et sans prière, comment pourrions-nous construire une vie conforme à l'enseignement du Christ ?

Jésus nous conseille de commencer par nous asseoir. Il le fait en bon pédagogue en s'appuyant sur deux courtes paraboles, celle de l'architecte et du chef de guerre. Prenons donc le temps de nous arrêter de temps en temps, de nous reposer et de réfléchir à ce que nous vivons.

> **Combien de temps réserves- tu à la prière, à la lecture de la Bible ou d'un extrait de l'Évangile ?**
> **Quelles sont les parts de ta vie encore soustraites à l'influence du Christ ?**
> **Quel nouveau détachement de toi-même ou de tes biens le Christ te demande-t-il ?**

*" Apprends-nous la vraie mesure de nos jours : que nos cœurs pénètrent la sagesse "
(Ps 90, 12).* Dans ce verset, le psalmiste demande à Dieu de nous faire connaître la vraie mesure de nos jours et de remplir nos cœurs de sagesse. Dès lors nous serons au moins capables de tirer le meilleur parti possible de notre vie, brève et malheureuse à cause du péché.

En cherchant la Sagesse de Dieu, nous espérons ardemment son Esprit Saint. Lui seul nous donnera de discerner, de bien réfléchir, de bien agir. Écoutons la Sagesse de Dieu, elle nous apprend la vraie mesure de nos jours. Elle nous accorde la vraie liberté, elle nous dépouille de l'encombrant, de l'accessoire et de l'inutile et elle nous libère de nos fausses sécurités.

> **Une chose est certaine, les petits bonheurs qui jalonnent le cours de la vie sont des dons de Dieu et il faut savoir lui en rendre grâce et en profiter.**

" Qui peut comprendre les volontés du Seigneur ? " (première lecture) Comprendre les volontés du Seigneur, c'est suivre ses commandements. Aimer Dieu de tout son cœur et nous aimer les uns et les autres. Plus nous aimerons et plus nous découvrirons le projet de Dieu sur nous. Avec confiance, allons à la rencontre de nos proches et partageons avec eux, l'amour que Dieu nous témoigne.

<small>homélie prononcée dans les églises de Graide-Station et Bellefontaine le quatre septembre 2004</small>

Conditions pour devenir disciple du Christ

L'évangile de Luc (Lc 14, 25-33) nous apprend que Jésus réclame de ses disciples un don de soi total, solide et sans détours. Il ne s'agit pas de courtiser le Christ de temps à autre, mais de l'aimer plus que tout, plus que soi-même. Ne serait-il pas utile de renouveler notre don libre et généreux à Jésus Christ ?

Jésus nous invite à méditer sur les conditions requises pour devenir son disciple *: "Si quelqu'un vient à moi sans me préférer à son père, sa mère, sa femme, ses enfants, ses frères et sœurs, et même à sa propre vie, il ne peut pas être mon disciple." (verset 26)*Celui qui ne porte pas sa croix pour marcher derrière moi ne peut pas être mon disciple. *(verset 27)* Celui d'entre vous qui ne renonce pas à tout ce qui lui appartient ne peut pas être mon disciple. *(verset 33)*

Les personnes qui aiment leurs proches plus que Jésus ne peuvent être son disciple : tel est le sens du verset 26. L'expression « sans me préférer à » exprime aussi une vérité : Jésus suppose que ces affections de la famille pourraient entrer en conflit avec l'amour que nous lui devons et par conséquence, devenir un obstacle à notre union avec lui nous empêchant alors de devenir ses disciples.

Suivre Jésus, c'est une aventure de longue haleine ! Il faut pouvoir aller jusqu'au bout ! Cesser de suivre Jésus quand on a commencé à le suivre serait-ce plus grave que de ne l'avoir jamais connu ?

Si le candidat au service ne s'est pas complètement engagé, il échouera nous prévient Jésus et sa situation sera pire que s'il n'avait pas commencé. (versets 30 et 31) Si nous voulons vraiment suivre le Christ pour devenir son disciple, quels obstacles nous empêchent de le devenir : égoïsme, amour-propre, timidité, respect humain, amour de l'argent ou de nos aises ?

Le candidat disciple doit commencer par s'asseoir pour examiner calmement les exigences de Jésus ainsi que ses propres possibilités d'action avant de prendre la décision de s'engager. C'est ce que Jésus veut nous faire comprendre de manière imagée par deux petites paraboles (versets 28 et 29) et (versets 30 et 31)
Être disciple de Jésus, le suivre et l'imiter en allant vers nos frères pour les aimer, les aider et être dans notre entourage des ferments d'unité, n'est pas une tâche facile.

Vingt-quatrième dimanche du temps ordinaire

Mise en condition

Il faut savoir pardonner, nous dit-on souvent. Mais, c'est plus facile à dire qu'à faire ! Les lectures pour la messe de ce vingt-quatrième dimanche ordinaire nous rassurent en nous montrant que le pardon est une capacité propre à Dieu.

Dans la première lecture, Dieu révèle le cœur de son amour : la miséricorde. Dans l'Évangile, Jésus trace le portrait d'un Dieu infiniment aimant, qui n'est capable que d'aimer, un Dieu dont le cœur déborde de tendresse, un Père miséricordieux.

Malgré toutes nos absences et nos infidélités, Dieu est le Père miséricordieux qui persiste à nous faire confiance et à nous rappeler à changer nos cœurs pour revenir vers lui.

Références dans la Bible : Ex 32, 7-11.13-14 ; Ps 50 ; 1 Tm 1, 12-17 ; Lc 15, 1-32

> Ô Mon Dieu, crée en moi un cœur pur, un cœur débarrassé du désir de vengeance ou de haine, un cœur remis à neuf chaque jour par ta Parole.

La miséricorde de Dieu

Les trois paraboles de l'évangile de ce jour, nous donnent comme modèle le comportement de personnes qui invitent à se réjouir parce qu'elles ont retrouvé ce qui était perdu. Le berger qui ne veut abandonner aucune de ses brebis et préférera abandonner tout son troupeau tant qu'il n'aura pas retrouvé celle qui s'était écartée ; la femme qui met tout son soin à retrouver la pièce qu'elle avait égarée ; le père qui, par sa prodigalité, fait absolument tout pour permettre à ses fils de participer au festin de la fête.

Dans ces trois paraboles, Jésus nous montre jusqu'où peut aller l'amour de Dieu. Ce qui met en fête le cœur de Dieu, c'est de montrer sa tendresse pour les pécheurs et les égarés ; c'est de pouvoir après les avoir longtemps cherchés, nous associer à sa joie : " *Réjouissez-vous avec moi !* " La conversion d'un seul d'entre nous pécheurs, compte plus à ses yeux que la persévérance de nonante neuf justes.

Si nous achoppons sur cette parabole, n'est-ce pas la preuve que nous sommes très loin d'avoir accepté les sentiments du cœur du Christ. Serions-nous de ces gens qui disent : " Je ne fais pas de mal, je suis une brave personne, je n'ai pas de péché ! "

Pourtant dans l'épître de ce jour, Paul nous le répète : "Le Christ Jésus est venu dans le monde pour sauver les pécheurs." (1 Tim 15) Nos liturgies dominicales sont remplies de cette réalité du salut et du péché pardonné.

> **Sommes-nous de ceux qui ne voient le péché que dans les autres ?**

Avant d'aller plus loin dans notre méditation, reprenons conscience que nous sommes bel et bien pécheur, ne fusse qu'en évoquant les manquements qui marquent nos journées. Aucun homme, aucune femme, aucun enfant n'est jamais abandonné par Dieu.

> **Chaque fois qu'un pécheur se convertira et chaque fois que le mal recule un peu sur la terre, il y aura de la joie dans le ciel.**

Aucun n'est jamais définitivement perdu puisqu'il est recherché sans cesse par Dieu qui l'aime. Dieu ne se contente pas d'attendre que le pécheur revienne, il part à sa recherche.

La seconde parabole nous redit la même chose sous une autre forme. Jésus nous réaffirme ici l'amour inouï de Dieu : cette femme, mise en scène dans ce récit, était pauvre, elle ne possédait que dix drachmes ! Cette pièce d'argent, perdue et puis retrouvée, représentait le salaire moyen d'un jour d'ouvrier agricole. *(Mt 20, 2)* Ce n'était donc pas une grosse fortune qu'elle avait retrouvée. Mais elle veut communiquer sa joie. C'est ainsi qu'est Dieu.

Encore mieux, c'est comme la joie d'un père lorsque son fils, qui avait quitté da famille, revient à la maison. Cette troisième parabole est beaucoup plus élaborée que les deux autres : il était perdu et il est retrouvé ! Le fils ingrat est revenu chez son père.
Dieu nous invite à tout instant à nous convertir, à rebrousser chemin, lorsque nos manques de foi, de confiance, d'amour nous égarent sur de mauvais chemins. Il nous ouvre les bras, il est notre Père.

Par ces paraboles, Jésus nous enseigne ce qui est vraiment important : ce n'est pas ce que nous sommes, mais ce que Dieu est puisque, en définitive, nous sommes tous pécheurs. Et c'est là aussi la leçon à tirer de la première lecture concernant Moïse. Dieu écoute Moïse non pas parce qu'il serait saint et différent des gens de son clan, mais au contraire parce qu'il est et qu'il veut demeurer quelqu'un du groupe ; et rien, même pas une promesse faite par Dieu, ne pouvait briser cette solidarité avec les siens.

homélie prononcée dans les églises de Graide village et de Gros Fayt le 12 septembre 2004

Vingt-cinquième dimanche du temps ordinaire

Mise en condition

Aujourd'hui, nous sommes invités à redécouvrir que l'argent dans notre quotidien et dans les rapports avec les autres est un moyen et non une fin. Jésus *(évangile de ce dimanche)* nous rappelle que nous pouvons, au sujet de l'argent, faire preuve de bonnes ou de mauvaises actions et il nous interpelle à ce sujet. Sommes-nous en ce domaine dignes de confiance ?

Notre comportement est-il conforme à l'Évangile ? L'argent dont nous disposons peut devenir un excellent moyen de faire du bien autour de nous et c'est en cela qu'il a de la valeur. Nos richesses n'ont de sens qu'au bien que nous pouvons faire autour de nous.

Références dans la Bible : Am 8, 4-7 ; Ps 112 ; Tm 2, 1-8 ; Lc 16, 1-13.

Investissons pour l'éternité !

Un homme riche avait un gérant qui lui fut dénoncé parce qu'il gaspillait ses biens. Il le convoqua et lui dit : *"Qu'est-ce que j'entends dire de toi ? Rends-moi les comptes de ta gestion car désormais tu ne pourras plus gérer mes affaires."* (Lc 16, 1-2)

Le temps presse, il doit rendre des comptes. Alors, sans hésitation, il agit avec audace et rapidité. Bravo, s'écrie Jésus, pour cet esprit de décision ! Mais ce gérant vient de voler son maître ! Remarquons que Jésus n'a pas dit bravo pour l'escroquerie, mais bravo pour l'esprit de décision !

Nous-mêmes, sommes-nous décidés aussi rapidement pour saisir la grâce de la conversion qui nous est offerte ? Pour nous aussi le temps presse, bientôt il sera trop tard !

Voici un exemple concret de conversion à faire. Cet argent dont nous risquons toujours d'en faire un mauvais emploi, qu'attendons-nous pour nous en dépouiller au service des pauvres ?
Nous hésitons ? L'argent n'est qu'un exemple des biens que Dieu nous confie à gérer.

Sur quel point particulier avons-nous à nous convertir à ce propos ?

Pour un jeune : s'atteler sérieusement à ses études, à son apprentissage, répondre à l'appel du Seigneur, renoncer à telle habitude, à ce flirt, se mettre à prier avec foi, sortir de son égoïsme... Pour un adulte : réparer cette injustice commise, croire que l'amour est possible dans son foyer, pardonner, oublier cette rancune tenace envers telle ou telle personne, aller se confesser pour changer de vie, accepter cette responsabilité qu'on lui propose.

Tout ce que nous avons à gérer : nos biens, nos qualités, nos richesses spirituelles, intellectuelles, morales, nos facultés affectives... De tout cela, il nous en sera demandé des comptes. Nous n'avons pas le droit de gaspiller les dons que Dieu nous a confiés.

"Faites-vous des amis avec l'argent trompeur, afin que le jour où il ne sera plus là, ces amis vous accueillent dans les demeures éternelles. " (Lc 16, 9) Se faire des amis ! Développer l'amitié ! Voilà la raison de l'éloge de Jésus. Dans cette formule au centre de la parabole, Jésus nous en livre la leçon essentielle : le bon emploi des richesses, c'est de faire de l'amitié, de l'amour dans les relations.

> **Voilà la conception de Jésus, vraiment révolutionnaire, sur l'argent : en faire un instrument de partage et d'amitié !**

L'argent n'est pas mauvais en soi. Il peut fabriquer de la joie pour les autres et pour la personne qui a contribué à cette joie en donnant.

En conclusion

De cette page très concrète de l'évangile de Luc, retenons cette maxime sur l'argent extrêmement révélatrice de la pensée de Jésus : *"Si vous n'avez pas été digne de confiance avec l'argent trompeur, qui vous confiera le bien véritable ? " (Lc 16, 11)*

L'argent est trompeur. Au lieu de servir, il peut asservir. Quand il s'empare de quelqu'un, il devient son maître et son dieu ; il peut alors provoquer en lui de terribles dégâts, à l'instar d'une drogue. Son cœur devient dur, impitoyable, insensible à toute morale. Il peut même le pousser alors aux pires injustices et malhonnêtetés. Pour et au nom du dieu argent, que de désordres meurtriers dans le monde : guerres, drogues, prostitution, exploitations. Cet argent là est capable de tout détruire : couples, familles, relations.

Pour Jésus, il n'y a aucun compromis possible : *" Vous ne pouvez pas servir à la fois Dieu et l'Argent " (Lc 16, 13)*

> **Frères et sœurs, investissons pour l'éternité.**

C'est le sommet de la parabole. L'Évangile nous invite à faire le bon placement de notre argent. Les banques nous proposent de souscrire un plan d'épargne en bons du Trésor ou en bourse. Le Christ, lui, nous propose d'investir dans les plans en bonnes actions. Usons de générosité envers les gens qui sont dans le besoin, en bons gérants du bien de Dieu. Alors la richesse, qui, si souvent, détourne ou éloigne de Dieu, deviendra chemin vers Dieu et source de bonheur partagé, jusque dans les demeures éternelles.

homélie prononcée dans les églises de Naomé et de Bellefontaine le 18 septembre 2004

Voulez-vous un exemple concret de conversion à faire ?

Votre argent dont vous risquez toujours de faire un si mauvais emploi, qu'attendez-vous pour vous en dépouiller au service des pauvres. Vous hésitez ? Comprenez-vous le sens de la parabole maintenant ? L'argent n'est qu'un exemple de bien que Dieu nous confie à gérer.

Sur quel point particulier as-tu à te convertir, à ce propos ?

 Ne soyons pas des exploiteurs de la misère. Mettons notre temps, notre argent, notre intelligence et notre courage au service de Dieu, c'est à dire au service des malheureux. Les biens qui nous sont confiés, comme ceux qu'administrait le gérant de cette parabole, ne sont pas à nous, mais à Dieu. Si, comme lui, nous ne sommes pas fidèles dans l'usage que nous en faisons, Dieu pourrait-il nous confier le bien véritable ? *(verset 11)* Les biens de la terre sont à Dieu, qui les confie à qui il veut, pour un temps, et ils restent toujours pour nous des biens extérieurs.

Enfin, Jésus nous met en garde . Il déclare que quiconque veut servir Mammon, c'est à dire ce démon qui préside aux divers péchés que fait commettre l'amour de l'argent, s'exclut du service de Dieu. *(verset 13)*

Vingt-sixième dimanche du temps ordinaire

Mise en condition

Tous, nous aspirons au bien-être, à une certaine richesse qui nous permette de vivre sans souci. Mais la vraie richesse, c'est celle du cœur, celle qui nous fait devenir collaborateurs de Dieu face aux opprimés, aux affamés, aux accablés de toutes sortes. Le monde est fait de personnes sachant partager ou refusant de le faire. Aujourd'hui comme hier nous avons toujours à nous convertir : c'est là un beau programme pour la 26ième semaine du temps ordinaire et pour tout le reste de notre vie.

Dans son livre, Amos *(première lecture)* explique que le malheur est engendré par l'égoïsme et l'ignorance de la souffrance des autres et Jésus *(Lc 16, 19-31)* souligne le danger des plaisirs opulents et immédiats qui aveuglent bien des personnes. Le véritable enjeu, c'est d'obtenir la vie éternelle.

Pour obtenir la vie éternelle, il nous faut suivre les recommandations de l'apôtre Paul.

" Être juste et religieux, vivre dans la foi et l'amour, la persévérance et la douceur."
(1 Th 6, 11) ; telle est la recette du bonheur, la plus grande richesse, le chemin de la vie.

Références dans la Bible : Am 6, 1a.4-7 ; Ps 145 ; 1 Tm 6, 11-16 ; Lc 16, 19-31

Renversement de situation

Dans la première lecture, le prophète Amos dénonce ceux qui, en un moment de prospérité, se contentent de vivre dans le luxe sans se soucier du sort des plus pauvres. La richesse insolente des uns est une insulte à l'égard des personnes qui sont obligées de compter sans cesse pour vivre ou qui sombrent chaque jour, un peu plus, dans la misère et le manque de nécessaire.

Sur ce fond de disparités sociales, **la parabole de l'évangile de ce dimanche annonce un renversement de situation dans l'au-delà**. Cette révélation mérite toute notre attention : ce que nous vivons aujourd'hui aura un retentissement éternel

La parabole de l'Évangile met en scène un riche qui se goinfre, vautré dans son bien-être et en face de lui un malheureux dans un état de délabrement extrême. Ce riche ne voit pas le pauvre, il ne lui prête aucune attention ; il l'ignore purement et simplement comme s'il n'existait pas. Il n'a pas voulu le regardé, ni lui apporté secours ; donc il n'a pas aimé et le comble dans cette parabole, c'est que c'est le chien qui voit le pauvre puisqu'il lèche ses plaies !

L'indifférence de ce riche à l'égard de ce malheureux est une attitude très grave, car elle rend totalement insensible et imperméable à l'autre. Son indifférence l'éloigne de Dieu, ce Dieu qui se fait proche de toute personne qui souffre.

> **Les richesses ont ceci de particulier : elles rendent aveugle et indifférent à la misère des autres.**

Le drame de ce riche est de ne penser qu'à lui, à son avoir, ses vêtements, sa boisson, sa nourriture. En lui, il n'y a pas de place pour les autres et en particulier pour Lazare. Ce fossé d'incompréhension semble devoir se continuer dans l'éternité avec cette fois un renversement de situation : le pauvre est dans la joie de Dieu et le riche est rongé par le feu du regret et entre les deux un nouvel abîme, un fossé infranchissable. *(Lc 16, 26)* Ce grand fossé a été creusé par l'égoïsme de ce riche. Nous voilà avertis ! Ce fossé sera t-il comblé un jour ? Il ne peut l'être que par Dieu. Laissons à sa Miséricorde infinie le soin de trouver le moyen de sortir le mauvais riche de sa mauvaise situation !

L'égoïsme des fortunés creuse d'avantage le fossé entre riches et pauvres et si rien n'est fait, tous, nous connaîtrons des situations difficiles, y compris ces gens qui jonglent avec leur argent en bourse. Ce fossé se creusera aussi, comme dans la parabole, pour l'éternité, ne l'oublions pas ! Nous serons jugés avant tout sur nos fautes d'omission *: " J'avais faim et tu ne m'as pas donné à manger. "*

Écoutons les conseils du riche de l'Évangile qui nous crie *: " Ne faîtes pas comme moi durant votre vie.* Vous préparez votre place dans l'éternité. Des fautes vous en ferez encore et encore, mais n'oubliez pas que l'aumône couvre beaucoup de péchés et si vous n'êtes pas spontanément généreux, pensez, au moins, un peu à vous, à votre avenir éternel.

> **AIMER, C'EST VOIR**
> **Méfions-nous des alibis que nous trouvons pour ne pas ouvrir notre porte-monnaie.**
> **Des vrais pauvres, il y en a parmi nous, mais ils ont la pudeur de se cacher.**

"Heureux qui s'appuie sur le Seigneur son Dieu : Il garde à jamais sa fidélité " (Ps 145, 5a)

homélie prononcée dans les églises de Naomé er de Petit Fayt le 25 septembre 2004

Vingt-septième dimanche du temps ordinaire

Mise en condition

Il est question de foi, de confiance et de fidélité en ce 27ième dimanche du temps ordinaire C. Nous sommes-nous déjà posé la question : qu'est-ce que la foi ? La foi est une infinie confiance en Dieu, qui nous conduit vers la Vie.
Avoir la foi aujourd'hui, est-ce vraiment un plus dans notre existence ? Les apôtres semblent le penser : c'est pourquoi, ils demandèrent à Jésus d'augmenter en eux la grâce de la foi. *(évangile).* Dans la deuxième lecture de ce dimanche, l'apôtre Paul rappelle à Timothée ce don, ce trésor qu'est la foi.

Références dans la Bible : Ha 1,2-3.2,2-4 ; Ps 94 ; Tm 2, 6-8.13-14 ; Lc 17, 5-10

Seigneur, augmente en nous la foi !

À force de fréquenter Jésus, ses apôtres ont perçu l'unité de sa personne toute centrée sur sa relation avec le Père. Il n'est pas surprenant qu'ils aient cherché à lui ressembler et à lui demander de leur apprendre à prier et d'augmenter leur foi.

Cette demande des apôtres : " *Seigneur, augmente en nous, la foi*" *(Lc 17,5)* nous rappelle que la foi est un don gratuit que Dieu nous fait. Dieu donne à tous la capacité de le reconnaître et de mettre toute sa confiance en lui. C'est par la prière que nous pouvons demander et accueillir ce don. Dieu nous donnera la force intérieure dont nous avons besoin, si nous savons le lui demander. OUI, nous avons besoin de Dieu !

Seigneur, fais grandir en nous la foi, une telle demande en sous-entend d'autres : aide-nous à mieux te connaître ; rend-nous fidèles dans notre relation avec Dieu ; fortifie-nous dans les moments difficiles ; éclaire-nous lorsque nous doutons ; assiste-nous afin que nous puissions mieux comprendre ce que tu attends de nous.

Dans sa réponse, qui peut paraître déroutante, Jésus souligna d'abord l'efficacité de la foi, l'efficacité d'un grain de foi ! La foi, si vous en aviez gros comme une graine de moutarde, vous diriez à ce grand arbre que voici : " *Déracine-toi et va te planter dans la mer, il vous obéirait.* " *(Lc 17,6)* Même si notre foi est aussi petite qu'une graine de moutarde, elle est douée d'une puissance que nous soupçonnons à peine, elle est aussi féconde et aussi puissante que la vie enfermée dans cette graine.

Il ne faut pas dédaigner la foi que nous avons, car elle est porteuse de l'amour infini de Dieu pour chaque personne, un amour qui ne demande qu'une réponse généreuse de notre part.

L'Église nous demande d'être des apôtres, c'est à dire d'être témoin du Christ, de sa pensée, de ses paroles, de ses gestes, de son Salut et de son amour infini. Vous de même, quand vous aurez fait tout ce que Dieu vous a commandé, dites-vous *: "Nous sommes des serviteurs quelconques ; nous n'avons fait que notre devoir " (Lc 17, 10)*

Imaginez le Seigneur revenant parmi nous, et que nous nous empressions de montrer nos titres de gloire : Seigneur, je fais la catéchèse dans mon village ! Bien, mais tu ne fais que ton devoir ! Seigneur, je m'occupe de l'équipe liturgique… Bravo, mais tu ne fais que vivre ton Baptême. Seigneur, je suis moine, j'ai tout quitté pour toi. Merci, mais moi aussi j'ai tout quitté pour vous.

Ne cherchons-nous pas parfois à faire valoir des droits à l'amour de Dieu pour nous ? Ne faisons-nous pas quelquefois le compte de nos services rendus, des messes entendues, des sacrifices consentis ? C'est lorsque nous serons convaincus de ne rien pouvoir par nous-mêmes pour sauver nos frères et nos sœurs que nous constaterons que Dieu fait de grandes choses pour les personnes qui se veulent petites devant lui.

Serviteurs quelconques, n'ayant fait que notre devoir ! Oui, mais si nous nous laissons aimer de Dieu, nous devenons ses amis. C'est lui-même qui nous le dit *: "Je ne vous appellerai plus serviteurs mais mes amis " (Jn 15, 15)*

" Aujourd'hui, écouterez-vous sa parole ? " (Ps 94, 7d) Le mot important dans ce verset est " aujourd'hui ". Il s'agit de l'actualisation dans le présent de l'acte sauveur accompli dans le passé. Écouterons-nous sa Parole ? C'est l'option radicale des personnes qui n'écoutent que la voix les invitant à la conversion et à la réconciliation avec Dieu. Pour vivre, grandir et persévérer jusqu'à la fin de notre vie dans la foi nous devons la nourrir par la parole de Dieu.

Implorons le Seigneur de l'augmenter ; elle doit agir par la charité, être portée par l'espérance et s'enraciner dans la foi de l'Église. Puisse notre amour pour Jésus nous pousser à parler autour de nous de notre foi.

homélie prononcée dans les églises de Monceau et de Baillamont le 3 octobre 2004

Vingt-huitième dimanche du temps ordinaire

Mise en condition

Les textes bibliques, en ce 28ème dimanche du temps ordinaire, nous présente la foi comme une démarche de reconnaissance. La foi consiste à dire à Dieu notre reconnaissance. C'est la fidélité du Seigneur qu'il nous faut redécouvrir et célébrer ! Car quelles que soient nos faiblesses et nos infidélités, le Seigneur restera fidèle, car il ne peut se renier lui-même. Dans la deuxième lecture, l'apôtre Paul dévoile la vraie nature de notre Père, sa vraie personnalité.

Dire à Dieu notre reconnaissance par une forme de prière dont nous sommes moins familiers : dire merci à Dieu. Nous sommes tellement plus prompts à demander qu'à remercier ! En effet, il nous vient rarement à l'idée de glorifier Dieu pour notre bonne santé, pour le fait d'avoir chaque jour de quoi manger ou de quoi nous loger, pour l'amour dont nous sommes entourés.

Au cours de la semaine qui vient, au moins, essayons de corriger ces oublis et offrons à Dieu, chaque jour une prière de louange, un chant qui lui rende gloire.

Références dans la Bible : 2R 5, 14-17 ; Ps 97 ; Tm 2, 8-13 ; Lc 17, 11-19

Savoir dire merci à Dieu

Jésus a souffert de l'ingratitude des hommes et l'Évangile de ce jour nous révèle combien il a été touché profondément dans son amour propre et par la suite franchement déçu. Des dix lépreux qui furent guéris par Jésus, un seul revint vers lui pour lui rendre grâce, c'est à dire pour le remercier. C'était un samaritain, un étranger, le plus méprisé qui a eu le geste le plus humain, le plus naturel : rendre grâce, remercier.

Pour Jésus, son miracle fut un échec car il n'a pas produit l'effet qu'il était en droit d'en attendre : pour les neuf autres lépreux, ce miracle n'a pas produit la foi qui est la seule chose qui compte vraiment pour Jésus, d'où sa tristesse.

Cependant cette guérison exceptionnelle nous invite à y lire un signe. Jésus peut aussi me purifier. Jésus peut me sauver, moi aussi. Ne lui demandons pas d'abord des bienfaits matériels. Rendons-nous souvent grâce à Dieu ou occasionnellement ? Autrement dit savons-nous remercier Dieu pour toute son attention envers notre personne et son amour infini pour tous les hommes ?

La célébration Eucharistique, c'est avant tout l'Église qui entre dans la grande action de grâce de Jésus à son Père : *"Il prit le pain, il prit le vin, il rendit grâce et dit : ceci est mon corps, ceci est mon sang, donnés pour vous "*

Jésus ne cessait de rendre grâce à Dieu pour sa tendresse, sa bonté, pour ce monde immense et beau qu'il a créé et qui nous donne tant de bonnes choses et en particulier notre nourriture pour vivre.

Reconnaissons-le ! Nous ne savons plus dire merci à Dieu. Nous employons ce mot par habitude, sans y penser vraiment. Nous disons merci par routine et dans toutes les circonstances ; par exemple : à table, sur le trottoir, dans un magasin, à la poste et en beaucoup d'autres lieux. Dire merci devrait nous faire communiquer avec une personne. Dire merci, c'est fixer les yeux de quelqu'un qui nous a rendu heureux. ! Le lépreux reconnaissant de l'Évangile, c'est le visage de Jésus qu'il a voulu retrouver. C'est pour cela qu'il a rebroussé chemin. Il est revenu vers Lui pour lui dire merci.

Savons-nous reconnaître que Dieu n'agit avec efficacité que par des hommes pauvres et petits devant lui, dans les circonstances ordinaires de la vie, sans moyens prestigieux ? Plutôt que de rêver de faire de grandes choses pour Dieu, saisissons les petites occasions de lui manifester notre foi et notre amour pour lui et pour nos frères.

La guérison du renommé général Naaman *(première lecture)* est une image anticipée du baptême qui nous purifie du péché. La guérison est gratuite et le fabuleux trésor que Naaman avait amené pour remercier le prophète Élisée n'est pas accepté. Par ce que Dieu donne et ne se fait jamais payer ! Tout ce que Dieu nous demande si nous découvrons son amour miséricordieux, c'est de lui rendre la même monnaie.

L'Eucharistie que nous célébrons est l'occasion sans cesse renouvelée de louer Dieu et de le remercier pour cette œuvre de salut qu'il opère dans la vie et dans le cœur de chaque croyant. Puisse cette louange et cette action de grâce se prolonger dans nos vies.

homélie prononcée dans les églises de Naomé et de Petit Fayt le 9 octobre 2004

Va, ta foi t'a sauvé

Selon la Loi juive appliquée à cette époque *(voir la loi concernant la lèpre dans le livre du Lévitique dans l'Ancien Testament aux chapitres 13 et 14)*, les lépreux ne pouvaient pas communiquer avec les personnes : *"Tout le temps que dure son mal il sera souillé. Il est souillé ; il habitera seul ; sa demeure sera hors du camp." (Lévitique 13, 46)* ; ils s'étaient réunis, afin de se rendre mutuellement les soins que tout le monde leur refusait.

C'est à cause de la même interdiction qu'ils s'étaient arrêtés à distance et durent ainsi élever la voix pour implorer la pitié de Jésus. *(verset 13)*. Cette loi chargeait les prêtres de faire un constat de guérison pour tout lépreux qui serait guérit de son mal. ; de plus, elle s'appliquait aussi à un certain nombre de maladies de la peau.

Il fallut donc beaucoup de foi à ces dix lépreux pour se rendre au Temple et y faire constater une guérison qui ne s'était pas encore produite. En cours de route, ils furent purifiés *(verset 14)*. Neuf continuèrent leur route pour satisfaire aux obligations de la Loi. Les prêtres du Temple avaient seuls le droit de constater la guérison d'un lépreux et de le réintégrer dans ses privilèges d'Israélite . *(Lévitique, chapitre 13, verset 2)*.

Un seul, un étranger (le samaritain), jugea plus urgent d'aller d'abord remercier Dieu et Jésus *(verset 15)*. Les dix lépreux furent guéris mais à un seul Jésus a dit : " Va, ta foi ta sauvé ! " (verset 19)

Pour Jésus, l'amour de Dieu et la reconnaissance envers lui priment les préceptes de la Loi, parce qu'ils seuls ils manifestent une vraie foi : telle est la foi qui nous sauve et nous transforme. Parmi toutes les personnes qui, dans leurs prières, demandent des guérisons ou des faveurs, combien sauront aimer et rendre grâce à Dieu ?
Nous sommes tous guéris par Jésus de la lèpre de nos péchés : as-tu déjà pensé lui manifester ta reconnaissance ?

Vingt-neuvième dimanche du temps ordinaire

Mise en condition

Insister auprès de Dieu, même au risque de l'importuner, pour qu'il exauce nos prières, Insister auprès de nos frères et sœurs quand il s'agit de leur faire entendre la Bonne Nouvelle. Telle est la consigne qui se dégage des textes bibliques retenus pour la messe de ce dimanche.

La prière n'est pas vaine, nous pouvons même l'entacher d'une certaine insistance. Comme un enfant qui, par moments, casse les pieds à ses parents, nous pouvons aussi oser casser les pieds à Dieu. Autrement dit : ne craignons pas de persévérer ! Crions vers le Seigneur car de lui vient notre secours.

Références dans la Bible : Ex. 17 8-13 ; Ps. 120 ; Tm. 3, 14 –4, 2 ; Lc 18, 1-8

Il faut prier sans cesse sans se décourager

" Le Fils de l'homme, quand il viendra, trouvera-t-il la foi sur la terre ? " Cette parole du Christ est interrogative et douloureuse. Douleur de Jésus, douleur de Dieu qui, à l'approche de sa mort prochaine, n'a pas obtenu la foi de son peuple élu. Mystère de notre liberté qui peut refuser de croire, refuser de prier. Jésus a éprouvé de l'angoisse, il est véritablement angoissé devant le refus de sa mission et de son message.

Le Seigneur quand il reviendra, trouvera-t-il la foi sur la terre ?

Et toi, auras-tu encore la foi demain ? Le jour où tu mourras ? Le jour où Jésus viendra à ta rencontre ?
Après avoir répété que Dieu est bon et exauce toujours la prière, Jésus nous découvre la vraie raison de nos déceptions : le manque de foi ! Cet avertissement sévère est fortement répété dans tout l'évangile.

Que ferai-je dès aujourd'hui, pour nourrir ma foi ? Est-ce que je prie ? Notre monde est en crise de la foi. Crise de la foi ? Oui, notre monde moderne veut vivre sans prier et sans Dieu. Devant les immenses besoins spirituels de nos sociétés, comment ne pas avoir envie de baisser les bras de découragement !

Mais la parabole de ce dimanche nous montre de manière paradoxale, la récompense que Dieu réserve aux personnes qui s'abandonnent à lui. Nous avons deux personnages importants dans ce récit : d'une part un juge qui ne craint pas Dieu et n'a d'égards pour personne et d'autre part une veuve qui est faible, mais convaincue de ses droits et décidée d'aller jusqu'au bout pour les faire valoir. À la fin le juge donne à la veuve ce qu'elle demande, tout simplement pour qu'elle cesse de venir l'embêter.

Nous avons dans la première lecture un autre exemple de prière constante et patiente : la prière de Moïse. En plus de cette constance, Moïse et la veuve de l'Évangile ont autre chose en commun. Ils sont tous les deux du côté des faibles et des opprimés. La veuve, parce qu'elle en fait partie et Moïse parce qu'il appartient à un peuple d'opprimés.

Dieu écoute toujours la prière de ces petits, des faibles, des exclus, des marginaux À l'opposé de ce juge méchant et sans scrupule qui finit, par égoïsme, à céder à cette veuve.

Dieu qui est infiniment bienveillant fera-t-il justice promptement à ceux qui l'aiment et qui crient vers lui ? C'est la prière persévérante qui est efficace *"Priez sans cesse sans vous décourager" (Lc18,1)* En ce dimanche où nous célébrons le 81ième anniversaire de la journée missionnaire mondiale, instituée en 1926 par le pape Pie XI, rappelons-nous cette demande de Jésus : *" Priez le maître de la moisson d'envoyer des ouvriers "(Mt 9,38).*

> Au niveau de la mission, la prière est donc essentielle.
> Prier et témoigner !

Avoir Dieu avec soi ! Donner aux autres le goût de Dieu. Même et surtout dans les épreuves.

La mission consiste à proclamer à temps et à contretemps l'Évangile du Christ, le Christ devenu Parole pour le monde. Cette Parole doit être annoncée dans nos familles, dans nos villages et dans nos villes et aussi partout ailleurs dans le monde entier *: "Allez enseigner toutes les nations et baptisez-les au nom du Père, et du Fils et du Saint Esprit"* Témoignons et agissons !

homélie prononcée dans les églises de Morialmé et Oret le 21 octobre 2007

Trentième dimanche du temps ordinaire

Mise en condition

Les lectures choisies pour ce 30ième dimanche du temps ordinaire, proclament l'impartialité de Dieu avec les mots de Ben Sirac le Sage *(première lecture)* et de l'apôtre Paul *(2ième lecture)*. Dieu ne fait pas de différence entre les hommes ; il regarde le cœur et ne s'arrête pas aux apparences. Il est attentif à l'homme *(psaume 33)* et il est proche des gens qui l'invoquent. Jésus nous rappelle sans cesse l'importance de l'attitude du cœur. Seul compte pour Dieu, l'amour. Seules importent la manière dont nous accomplissons, chaque jour, les petits gestes du service et du partage, et la manière dont nous prions et nous situons devant lui.

Références dans la Bible : Si 35, 12-18 ; Ps 33 ; 2Tm 4, 6-8.16-18 ; Lc 18, 9-14

Dieu seul peut justifier !

Plus un être est déficient, abîmé, malade, défiguré et plus Dieu l'aime. Plus un être pourrait mériter le mépris et plus il a besoin d'être aimé d'un amour gratuit. Le vrai Dieu, celui que Jésus a révélé, est le Dieu des paumés, des rejetés, des condamnés, des marginaux, des non-aimés, des sans abri ! Comment Dieu pourrait-il mépriser une seule de ses créatures ?

Dieu ne fait pas de différence entre les hommes. Il ne défavorise pas le pauvre. Il écoute la prière de l'opprimé, il ne méprise pas la supplication de l'orphelin, ni la plainte répétée de la veuve. *(Si 35, 16-17)* C'est une certitude : le cri de l'homme est toujours entendu de Dieu. Dieu exauce et accueille celui qui le sert de tout son cœur. L'amour le plus pur, le plus gratuit va vers la personne qui en a le plus besoin et qui, à la limite, ne peut pas rendre l'amour. Dieu, en tout cas, est ainsi. Amour sans calcul et sans retour. Amour absolu.

Dans l'Évangile que nous venons d'écouter, il est question de certains hommes qui étaient convaincus d'être justes et qui méprisaient tous les autres. Un Pharisien et un Publicain montèrent tous les deux au Temple pour prier. *(Lc 18, 9-10)*

Le Pharisien pria vraiment, et sa prière pourrait bien être considérée humble : il était conscient de sa justice, mais il savait que celle-ci est un don de Dieu. Il remercia Dieu de la grâce qu'il a reçue d'être un homme juste : *" Mon Dieu, je te rends grâce parce que je ne suis pas comme les autres hommes., je jeûne deux fois par semaine et je verse le dixième de tout ce que je gagne. " (Lc 18, 11-12)* Son attitude n'était pas très différente de celle de Paul dans la lettre à Timothée : *"J'ai combattu le bon combat, je suis au bout de ma course, j'ai gardé la foi." (2 Tm 4, 7)* Quant au Publicain, il n'osa même pas lever les yeux vers le ciel. Il dit simplement : *" Mon Dieu, prends pitié du pécheur que je suis !" (Lc 18, 13b)*

C'est certain que personne dans notre assemblée ne se reconnaît dans ce pharisien prétentieux et méprisant : les pharisiens, ce sont toujours les autres. Difficile aussi de nous reconnaître dans ce publicain qui appartient à la catégorie des pécheurs publics. Et pourtant, si nous avons l'humilité de nous laisser interpeller par la parole de Jésus, nous pourrions peut-être découvrir qu'il y a en nous un pharisien qui s'ignore et aussi, un publicain qui aurait bien besoin de se reconnaître comme tel.

Devant Dieu, nous sommes tous au même point : pécheurs, incapables de nous sauver seuls, nous avons besoin de nous en remettre à l'amour du Christ.

> **Quelle est notre attitude dans la prière ?**
> **Celle du pharisien ou celle du publicain ?**

Notre foi, notre charité, nos efforts sont-ils pour nous des motifs d'orgueil ? Sommes-nous contents de nous, au lieu d'être contents de Dieu ? Seigneur, je ne suis pas digne de te recevoir, mais dis seulement une parole et je serai guéri. Nous arrive-t-il de croire que nous n'en sommes vraiment pas dignes et de croire que Jésus seul nous sauve par une parole de pardon ?

Le Seigneur entend le cri des personnes qui l'appellent. "De toutes les angoisses, il les délivre. Il est proche du cœur brisé, il sauve l'esprit abattu" *(Ps 33, 18-19)* Apprenons du psalmiste à relever la tête. Partageons avec les gens que nous rencontrerons cette certitude d'être tous écoutés et aimés de Dieu, attentif à toutes nos supplications.

En conclusion

Retenons que tout pardon vient de Dieu. Lui seul peut justifier, rendre juste. Il suffit pour cela que nous nous reconnaissions pécheur. Il suffit surtout que nous croyions que la miséricorde de Dieu est sans commune mesure avec notre misère.

homélie prononcée en l'église de Naomé le 30 octobre 2004

Trente-et-unième dimanche du temps ordinaire

Mise en condition

En ce trente-et-unième dimanche du temps ordinaire, l'Écriture nous rappelle que Dieu aime la vie, qu'il est vrai en tout ce qu'il dit et qu'il est fidèle en tout ce qu'il *fait (psaume 144)*. Dieu est plein de tendresse pour chaque personne *(première lecture)* : sa bonté est pour tous. Il n'exclut personne du salut. Ainsi en est-il de Zachée *(Évangile)*, et peut-être de beaucoup d'autres que nous serions tentés de juger. Au cours de cette semaine, prenons le temps de méditer cette dimension universelle de l'amour de Dieu. Dieu qui nous fait don de la foi et du salut nous invite à l'annoncer dans notre famille, notre lieu de travail peut-être ou tout simplement par notre manière d'être.

Références dans la Bible : Sg 11, 23-12, 2 ; Ps 144 ; 2 Th 1, 11-2, 2 ; Lc 19, 1-10

Laisse-toi regarder par le Christ

" Seigneur, tu as pitié de tous les hommes, parce que tu peux tout. Tu fermes les yeux sur leurs péchés, pour qu'ils se convertissent " (Sg 11, 23) Dieu ne connaît pas la haine et n'a de dégoût pour personne, il ne rejette personne. Il fait preuve de beaucoup de patience envers chacun. Créateur de l'Univers, Dieu est l'ami de tous ceux à qui il donne vie. Il nous offre la chance de la conversion et de la foi. Et puisqu'Il peut tout, ne disons pas trop vite qu'il a échoué, parce que nous, nous n'avons pas réussi.

La vraie conversion, c'est le retournement du cœur, le changement de vie pour ceux et celles qui ont rencontré Jésus Christ.

Ce déclic qui peut changer ta vie ne s'opèrera que par une rencontre avec le Christ. Tôt ou tard, il croisera ta route comme il a croisé la route de la Samaritaine, comme il a croisé la route de Zachée. C'est parce que Zachée était un homme de désir que Jésus a pu être pour lui son Sauveur.

Ce Zachée, aujourd'hui, on l'aurait classé dans la catégorie des peu fréquentables, des corrompus, des collaborateurs. Zachée ? Un homme pourtant rangé par Dieu dans la catégorie des "très intéressants". Il était animé d'un désir passionné de voir Jésus à tout prix. Il ne monta pas sur un sycomore uniquement par curiosité. Non ! Ce qu'il voulut connaître, c'est cet homme étonnant qui, dit-on, n'hésitait pas à manger avec les publicains. Ne disait-on pas non plus de lui qu'il pardonne aux pécheurs ? Oui, Zachée avait soif de le voir.

Sommes-nous, nous aussi, des êtres de désir ? Au lieu de nous demander si nous sommes intéressants, si nous méritons l'attention de Dieu, posons-nous les vraies questions.

Vivant dans ce monde dominé par l'informatique, la cybernétique et orchestré par les techniques de management et d'économie politique, nous connaissons peu la parole de Dieu ! Avons-nous faim d'une vraie rencontre avec Dieu ? Oui ou non désirons-nous vraiment rencontrer le Christ ? Sommes-nous prêts à le rencontrer, quelles que soient les conséquences que cette découverte pourra entraîner pour notre vie ?

Sommes-nous prêts à le rencontrer là où il dit qu'on peut le trouver : dans une lecture assidue, méditée et quotidienne de l'ÉVANGILE ou dans le silence ? Sommes-nous prêts à le rencontrer dans les pauvres ? Et savons-nous entretenir en nous cette soif de Dieu ?

" Zachée, descends vite : aujourd'hui il faut que j'aille demeurer chez toi. " (Lc 19, 5) Aujourd'hui même, voici que Jésus nous invite à descendre, rapidement, de l'arbre de nos prétentions et de nos suffisances. Aujourd'hui même, voici qu'il s'invite chez nous. Aujourd'hui même, voici qu'il nous offre la chance de nous convertir à l'unique nécessaire, à l'essentiel. Jésus nous apprend à être vrai en tout ce que nous pensons, disons et faisons.

Zachée fut surpris devant l'attention que Jésus lui porta. Le regard de Jésus ne l'enferma pas dans son passé ; au contraire, son regard lui ouvrit un avenir: *" Vite, il descendit et reçut Jésus avec joie. " (Lc 19,6)* Ainsi le miracle s'était accompli : Zachée fut bouleversé par la générosité de Jésus à son égard, et son regard sur lui-même changea.

Zachée s'avançant dit au Seigneur : *" Voilà Seigneur, je fais don aux pauvres de la moitié de mes biens et si j'ai fait du tort à quelqu'un, je vais lui rendre quatre fois plus " (Lc 19, 8)*

Dans les yeux de Jésus, il se vit soudain et découvrit qu'il était vraiment aimé et pardonné. Il éprouva, à cet instant, la joie de rendre au lieu de prendre et de donner au lieu de voler. Que le regard aimant de Jésus posé sur nous transfigure notre manière de voir les autres.

" N'aie pas peur, laisse-toi regarder par le Christ, laisse-toi regarder car il t'aime ! "
(Raymond Fau : Laisse-toi regarder - fiche G 249)

homélie prononcée en l'église de Bièvre le 31 octobre 2004

Trente-deuxième dimanche du temps ordinaire

Mise en condition

Chaque dimanche, au cours de la messe nous disons : " Je crois à la vie éternelle." (Credo) Où en sommes-nous ? Quelle est notre foi en la résurrection de la chair ?

La foi en la résurrection du Christ et la nôtre rencontre aujourd'hui, comme toujours, les mêmes objections : celles des Saducéens (évangile); en sommes-nous conscients, pour nous-mêmes d'abord et pour les non-croyants ? N'en restons-nous pas à des conceptions très matérielles quand nous parlons de résurrection ? Acceptons de nous en remettre à Dieu, avec foi, pour la question du comment.

Références dans la Bible : 2 Mc 7, 1-14 ; Ps 16 ; Th 2, 16-3,5 ; Lc 20, 27-38

Je crois en la résurrection de la chair

" Je crois en la résurrection de la chair " Voilà une phrase que nous récitons machinalement chaque dimanche dans un ensemble presque parfait, sans trop y porter attention. Même si nous sommes devant la disparition d'un proche, la perspective de sa résurrection un jour ne va plus tellement de soi !

Et les questions alors surgissent dans notre tête… Où sont réellement nos défunts ? Nous voient-ils ? Ressusciteront-ils vraiment ? Avec quel corps ? Avec leurs infirmités ? Les reverrons-nous tels que nous les avons connus ? Auront-ils un corps de vieillard, ou un corps aussi jeune que celui de Marie qui fit l'admiration des voyants de Beauraing, de Lourdes, de Fatima où d'ailleurs ?

Les Saducéens, dont nous parle l'Évangile de ce dimanche, ne pouvaient pas manquer de poser à Jésus la question qui nous concerne tous *: "Rabbi, puisque tu crois à la résurrection des morts, comment cela se passera-t-il concrètement ?" (Lc 20, 33)*

Nous pourrions leur dire merci, puisqu'ils ont obtenu de Jésus des éclaircissements nous permettant de patienter en attendant, au jour de notre mort, la pleine révélation des splendeurs du monde à venir.

À la question que les Saducéens posèrent à Jésus pour ridiculiser la foi en la résurrection, Jésus donna une réponse établissant un contraste total entre notre monde et le monde à venir qui pour lui ne fait aucun doute et il affirma avec netteté que, seul, y entreront les gens qui seront jugés dignes de l'obtenir. *(Lc 20, 35)*

Voilà donc une première vérité, très clairement exprimée : personne n'entrera dans la vie éternelle comme ça, en rigolant… il faut en être jugé digne ! *(v.35)*. On n'y entre pas avec désinvolture : il y a une sorte d'examen d'entrée. L'épreuve pour entrer dans le monde à venir ne peut porter que sur notre façon de vivre. Nous voilà avertis de quelque chose d'essentiel !

Le ciel est une vie de famille auprès de Dieu : ils sont fils de Dieu, héritiers de la résurrection. Telle est la deuxième révélation de Jésus sur nos

défunts. Ils seront introduits dans l'intimité du Père. Ils seront semblables aux anges. *(Lc 20, 36)* Comprenons bien cette troisième affirmation de Jésus : la vie après la mort n'est pas sur le même modèle que la nôtre. En disant que nous serons comme des anges, il veut nous faire comprendre que c'est une vie impossible à imaginer ; c'est une manière de dire que nous ne comprendrons la vie nouvelle que lorsque nous serons dedans.

Dans ce contexte, il m'apparaît essentiel de m'attacher à sa promesse de base : nous sommes invités à être, près de Lui, dans la joie et la paix.

En résumé

Mettons-nous sans cesse à l'écoute du Christ et donnons-lui notre confiance, pour croire en la résurrection. La foi en la résurrection, c'est la foi en Dieu lui-même.

> **Pour avoir part au monde à venir, nous devons en être jugés dignes.**

homélie prononcée en l'église de Morialmé le 11 novembre 2007

Trente-troisième dimanche du temps ordinaire

Mise en condition

La fin du monde reste un cauchemar de l'humanité. Périodiquement, surtout à certaines dates, calculées bizarrement à partir des chiffres énigmatiques du livre de Daniel ou de l'Apocalypse, des sectes prédisent l'imminence du retour du Christ, retour qui serait suivi d'un âge d'or de mille ans sur la terre.

Dans l'évangile de ce dimanche, le Christ semble donner lui aussi dans le catastrophisme. C'est vrai qu'il annonce la destruction du Temple de Jérusalem. Par contre, sa conclusion est optimiste :*"Gardez confiance, n'ayez pas peur! " Ne vous affolez pas! Simplement convertissez-vous ! (v9a et v19).* Pas d'affolement donc car le Seigneur est à nos côtés. Faisons lui confiance.

Références dans la Bible : Ml 3, 19-20a ; Ps 97 ; 2 Th 3, 7-12 ; Lc 21, 5-19

Vivre l'aujourd'hui

Tous les textes de ce dimanche sont habités par l'idée de la fin des temps. Mais les famines, les ouragans, les épidémies sont là. Les soulèvements et les guerres fratricides, aussi. Les persécutions, les vengeances.... et en cherchant bien, tout y est. Face à cette situation, voyons les conseils que Jésus nous donne.

Plutôt que de chercher des précisions parfaitement inutiles sur la fin du monde, de consulter des voyants, de scruter des messages, il vaut infiniment mieux nous laisser éclairer et convertir par la Parole de Dieu toujours vivante.

Prenez garde de ne pas vous laisser égarer ! *" Prenez garde de ne pas vous laisser égarer ! " (*v 8a) Ne suivez pas les imposteurs ! Au temps de saint Luc, les imposteurs à ne pas suivre tenaient un langage religieux, utilisant les mêmes mots que Jésus employait dès le début de son ministère.

Ne vous effrayez pas ! Le deuxième souci de Jésus, après celui de mette en garde contre les faux prophètes, c'est de dénoncer la peur : *" Ne vous effrayez pas ! " (v9a)* Vivez d'espérance, de patience et de joie malgré tout.

> **Seigneur, augmente en nous la foi et aide-nous à nous tourner vers toi.**

Se tourner vers Dieu, c'est se laisser changer par lui. Et pour nous y préparer, notre prière devrait être une prière d'écoute : Seigneur, qu'attends-tu de moi ? Quel changement dans ma vie te ferait vraiment plaisir ?

Suivre Jésus envers et contre tout, suivons Jésus de Nazareth, sans nous laisser égarer par les personnes qui se prétendent des envoyés spéciaux, sans craindre ceux qui défendent leur pouvoir, en s'accrochant au passé, en rejetant à priori toute évolution sociale, en méprisant les gens qui ne pensent pas comme eux, en rejetant les personnes qui ne sont pas en règle et surtout en cherchant à faire peur par des annonces de malheur.

Cessons donc d'avoir peur et relevons la tête ! Il n'y a aucune raison de croire que la fin du monde est pour bientôt.

Mais c'est par votre persévérance, nous dit Jésus, que vous obtiendrez la vie . *(Lc 21, 19)*. Vivre l'aujourd'hui. Nous sommes, en fin de compte, aujourd'hui comme hier, invités à ne pas nous préoccuper du lendemain. C'est maintenant que le Seigneur nous parle. Le Royaume de Dieu est déjà parmi nous, mais il nous revient de le faire grandir.

Le jour du Seigneur , c'est chaque jour. C'est aujourd'hui et ce sera aussi demain. Le jour du Seigneur, c'est chaque jour de notre existence. Le Seigneur est là ! Depuis sa résurrection, Jésus est sans cesse avec nous. Il nous soutient de son amour. Son Royaume est déjà là, mais il n'est pas encore achevé.

Chaque jour, par notre persévérance et notre confiance en Lui, nous construisons un peu plus ce Royaume, jusqu'au jour inconnu de son achèvement.

homélie prononcée en l'église de Morialmé le 18 novembre 2007

Jésus invite à la reconnaissance et au témoignage

La question posée dans cet extrait de l'Évangile de Luc a trait à la date et aux signes annonciateurs de la destruction du Temple de Jérusalem. Jésus, dans sa réponse, en profita pour mettre en garde ses disciples contre les imposteurs qui annonceront la proximité de l'avenue du Christ et de la fin des temps. *(Lc 21, 8)*

Une longue période doit s'écouler avant cette venue : " Ce ne sera pas tout de suite la fin. " *(Lc 21,9b)* Mais avant cet évènement les disciples de Jésus seront persécutés. *(Lc 21, 12)*. Cette persécution se prolongera jusqu'à la venue du Christ d'où la condition des chrétiens est de se trouver continuellement en butte aux tracasseries et aux moqueries, à cause de leur foi. Ces persécutions seront provoquées encore par l'inimitié de leurs proches. Le nom de Jésus excitera contre eux une haine universelle. Mais Dieu les protégera efficacement, et, par leur patience, ils sauveront leur âme. *(Lc 21, 12-19)*
Il suffit de lire les réactions de certains visiteurs de journaux en ligne présentant des articles visant les croyants en un DIEU, créateur de l'Univers pour s'en convaincre.

Ne nous laissons pas abattre par ces accusations gratuites, ces insultes à notre égard et cette haine affichée sur le Net. Luc s'empresse de signaler des éléments réconfortants. *(Lc 21, 13-14)*

La porte du ciel est à la fois une porte étroite et une porte grande ouverte. C'est en aidant les autres à se sauver que nous nous sauverons nous-mêmes. La plus grande difficulté de la vie chrétienne, c'est de persévérer jour après jour dans la foi et la charité.

Jésus veut ardemment que tous connaissent son salut ; il est prêt à ouvrir toute grande la porte du ciel, la porte de son cœur brûlant d'amour infini.

Aidons les jeunes, les nouveaux baptisés, les enfants qui ont fait leur profession de foi, à persévérer dans leur attachement à Jésus, le Christ.

Trente-quatrième dimanche du temps ordinaire

Mise en condition

Nous voici arrivés à la fin de l'année liturgique et les textes de ce dimanche nous orientent vers la fin de l'histoire de l'humanité qui s'accomplira dans le royaume de Dieu. Célébrer le Christ, "Roi de l'Univers", c'est découvrir notre solidarité avec l'Univers tout entier. Dans la première lecture, tirée du second livre de Samuel, le roi David, qui fit l'unité de son peuple, est l'image du Messie qui fera l'unité du monde.

Dans sa lettre aux *Colossiens (deuxième lecture)*, l'apôtre Paul rappelle que le Christ est le roi de l'Univers et que c'est par lui que tout existe, que le monde est sauvé et va vers la paix. Avec l'Évangile de ce dimanche, le Roi que nous célébrons n'est autre que Jésus en croix : celui qui a été tout amour, celui dont la vie n'a été que service, celui qui est venu pour nous sauver est condamné et mis cruellement à mort.

Références dans la Bible : 2S. 5,1-3 ; Ps 121 ; Col. 1, 12-20 ; Lc 23, 35-43

Le CHRIST, ROI DE L'UNIVERS

Pourquoi l'Église a-t-elle choisi cet extrait du récit de la Passion du Christ pour nous parler de sa royauté ? La passion du Christ n'est pas un échec mais elle est vraiment une victoire de la vie ?

Le prêtre l'affirme dans la prière eucharistique : " Il a vaincu la mort et renouvelé la vie " et l'apôtre Paul, dans sa lettre aux Colossiens, affirme : *" Il est le commencement, le premier-né d'entre les morts " (Co 1, 18b)* Le Christ est roi, parce qu'il est le premier à entrer dans la Vie avec son humanité et il nous y introduit avec lui : *" Aujourd'hui, tu seras avec moi dans le Paradis ! "* Cette promesse faite au larron confirme qu'au cœur même de la souffrance, l'espérance a jailli et que la Vie a eu le dernier mot.

Le Christ est Roi de miséricorde : mis au défi de se sauver lui-même et les autres avec lui, Jésus crucifié prend avec lui le brigand sur le chemin de la Résurrection. Ce condamné professe in extremis la foi qui le sauve : il reconnaît que Jésus inaugure à ce moment-là un Royaume où il invite les pécheurs. Il a tout compris cet homme, disciple de la toute dernière heure.

Comment affirmer aujourd'hui Jésus "Roi de l'univers", alors que nous voyons bien le monde se construire en dehors de lui ? Il s'est d'ailleurs lui-même enfui quand la foule voulut le faire roi après la multiplication des pains. Roi, il ne l'est pas à la manière des hommes a-t-il répondu lors de son procès. Il l'est dans le sens où il se sent pleinement responsable de son peuple, où il est prêt à aller jusqu'à donner sa vie pour lui.

Roi de l'univers, il l'est parce qu'il en est à l'origine et que le Père lui a confié de tout conduire à l'accomplissement total. Roi, il l'est en ce sens qu'il mérite notre respect. Mais il ne règnera dans nos vies que lorsqu'à sa suite nous servirons au lieu de nous faire servir.

> C'est justement en ce temps où le monde ne fait presque plus référence à Dieu que nous devons avoir le courage de proclamer " Jésus, Roi de l'univers " afin que le monde le redécouvre comme le seul pour qui compte vraiment l'unité et le bonheur de tous.

C'est de l'univers que Jésus est Roi. C'est de l'ensemble du genre humain qu'il veut faire un seul peuple. Dieu nous a fait entrer dans le Royaume de son Fis bien-aimé, par qui nous sommes rachetés et par qui nos péchés sont pardonnés.

Jésus est Roi de Pardon

Aujourd'hui, frères et sœurs, réaffirmons notre foi en Jésus, Roi de l'univers et reconnaissant que nous sommes pécheurs, osons-lui dire avec confiance : " Souviens-toi de moi Seigneur Jésus.

Oui, frères et sœurs, aujourd'hui, l'Église nous dit : " Voilà votre Roi. Regardez-le ! Contemplez-le. ! De grâce, ne passez pas trop vite sans prendre le temps de rendre hommage à votre roi. Il installe un royaume où l'on ne pense pas à soi, mais aux autres, où le pouvoir est de servir. Il installe un royaume où la violence cède à la douceur. Il installe un royaume où la haine est remplacée par le pardon.
 Oui, surtout, regardez-le pardonner : il excuse ses bourreaux auprès de son Père !

En résumé

Comme le bon larron qui a mis son espoir en Jésus, nous sommes, nous aussi, invités à une semblable conversion intérieure. Faisons-lui totale confiance. Jamais il ne nous abandonnera.

homélie prononcée dans les églises de Naomé, Bellefontaine et Oisy le 20 novembre 2004

Rencontrer la Parole de Vie par la prière

Jésus, selon l'évangéliste Luc, se mettait en prière chaque fois qu'un évènement important allait se produire. En voici quelques moments importants : lors de son baptême au Jourdain *(Lc 3, 21)*, avant de choisir ses apôtres *(Lc 6,12)*, avant de leur demander leur profession de foi *(Lc 9, 18)*, avant sa transfiguration *(Lc 9,28)*, avant d'enseigner le " Notre Père " à ses apôtres *(Lc 11,1)*, au Jardin des oliviers *(Lc 22,42)*, sur la croix *(Lc 23,34)*.

Et toi, pries-tu quand tu as des décisions à prendre ? Pries-tu à partir des évènements de ta vie ? Pries-tu pour les personnes ou les enfants dont tu as la responsabilité ?

Quand tu veux prier, dis : "Père" C'est comme cela que tu dois commencer. Le dire avec la certitude d'être aimé tel que tu es, et tel que tu as été. C'est seulement lorsque tu t'es approché de Dieu en lui disant Père, que tu commences ta prière, en lui parlant de Lui-même.

" Priez en tout temps ! " (Lc 21, 36) L'espérance n'est possible que pour les gens qui entrent en relation avec Dieu. Avec lui, il n'y a jamais de situation désespérée. Il est toujours capable de venir nous chercher très loin et très bas. La prière est pour nous un moyen d'accueillir ce Salut que Dieu ne cesse d'offrir à tous.

Toute notre vie est prière si nous cherchons à y faire la volonté de Dieu ; c'est justement en cela que Marie est un exemple pour nous. À l'image de son Fils venu en ce monde pour faire la volonté de son Père, Marie s'est toujours tenue disponible et confiante devant Dieu. Dans notre vie marquée par l'épreuve et l'échec, par la souffrance et le péché, la prière seule, à certaines heures, peut nous transformer.

Comment pries-tu ?

Quand tu désires prier fais le silence en toi puis dis tout simplement mais avec ferveur : " Mon Dieu, je t'aime. " Vas-y ! Répète une, deux, dix fois, autant de fois que tu le veux, à Dieu que tu l'aimes. Puis, fais silence en toi. Recueille-toi. Écoute ! Tu n'entends rien ? Cela ne fait rien. Dieu, lui, il est là. Lui, il sait que tu lui parles. Lui, il sait que tu l'aimes.

Ne prie pas Dieu d'une façon machinale. Le prier en disant "Notre Père", c'est le reconnaître père de tous et par conséquence, les accepter tous comme nos frères et nos sœurs, sans exclusive.

Le premier acte de la vie publique de Jésus, c'est de prier ! (Lc 3, 15) C'est pendant cette prière qu'il reçut l'Esprit Saint. Prier, c'est donc faire place à l'Esprit Saint ; c'est créer les conditions de sa venue.

Est-ce que je prie à cette intention là ? Qu'elle est la place de la prière dans ma vie, à l'exemple de Jésus qui priait ? Est-ce que je cherche par ma prière, à connaître le regard que Dieu porte sur moi ?

Prie avec persévérance, Dieu qui t'aime et qui veut te combler. Prie avec foi, c'est d'abord te laisser envahir par Dieu, rechercher sa volonté, t'accorder à son projet sur nous, pour te laisser transformer par lui. Est-ce ainsi que tu pries ?

La prière authentique nous amène progressivement à regarder les autres sous un jour différent. Toute personne priant avec ferveur, voit sa vie autrement.

Que chaque Eucharistie, à laquelle tu participes, soit vraie prière, vraie rencontre avec le Christ ressuscité : qu'elle t'entraîne vers une réelle transfiguration de ta vie.

" La moisson est grande et les ouvriers sont peu nombreux. Prier donc le maître de la moisson d'envoyer des ouvriers pour sa moisson " (Lc 10, 2)

Devant ce manque d'ouvriers, Jésus nous suggère comme unique solution la prière. Pour lui, l'apostolat est une œuvre divine, une grâce. Est-ce que tu pries pour qu'il y ait de nombreux ouvriers à la moisson : des laïcs d'abord, mais aussi des prêtres, des religieux, des religieuses et des diacres ?

Origine de la prière à Marie

L'ange Gabriel fut envoyé par Dieu à une jeune fille appelée Marie. Depuis des siècles, les chrétiens ont partagé et partagent encore et toujours cette prière "Je vous salue, Marie " dans l'émerveillement du miracle de la vie, au cœur de laquelle Dieu s'est lui-même placé.

" Je vous salue, Marie, pleine de grâce, le Seigneur est avec vous. " (Lc 1, 28) Ainsi l'ange Gabriel salua Marie en entrant chez elle à Nazareth, situé à quelques kilomètres de la chaîne de la montagne du Carmel.

Le Mont Carmel est une montagne côtière en Israël surplombant la Méditerranée. La ville de Haifa se trouve en partie à flanc du Mont Carmel, ainsi que quelques autres villes, comme Nesher et Tirat Hakarmel.

Ce que Dieu demanda à Marie par la médiation de l'ange surpasse tout. La voilà non seulement comblée de bienveillance, de tendresse divine : ce qui lui arriva dépassa toute espérance, toute l'attente de son peuple. En toi Marie s'opéra le miracle de la vie.

À cette parole, elle fut toute bouleversée, et elle se demandait ce que pouvait signifier cette salutation *(Lc 1, 29)*. Sois en joie Marie ! Réjouis-toi ! L'ange n'a pas nommé Marie, c'est nous qui lui donnons son nom après les évangélistes. Depuis plus de deux mille ans, nous reprenons cette salutation. Nous sommes dans la joie avec toi, Marie, à cause de toi !

*"Vous êtes bénie entre toutes les femmes, et Jésus le fruit de vos entrailles est béni ! "
(Lc 1, 42)*

Ainsi Élisabeth répondit à la salutation de sa cousine qui lui rendit visite dans son village de montagne ; alors qu'avancée en âge, elle portait aussi la vie, celle du dernier et plus grand des prophètes. Élisabeth admira l'œuvre unique de Dieu en Marie et dans l'enfant qu'elle portait en son corps. Élisabeth ne nomma pas Jésus, c'est nous qui le nommons, après l'indication de l'ange à Marie : *" Tu l'appelleras du nom de Jésus. " (Lc 1, 31b)*

Dans la récitation de chapelet, nous reprenons cette salutation. Le nom de Jésus, fils de Marie et de Dieu, est source de salut pour tous.

Sainte Marie, mère de Dieu

À partir du concile d'Éphèse au cinquième siècle, les chrétiens décidèrent d'appeler Marie "Mère de Dieu", pour bien affirmer la divinité de Jésus son propre fils. Voilà une décision qui renforça notre foi à partir du concile de Chalcédoine : " Christ, vrai Dieu, vrai homme " : en lui le tout de l'homme et le tout de Dieu.

Priez pour nous, pauvres pécheurs.

O Sainte Marie, parle à Dieu pour nous, pécheurs, tous pauvres selon la première béatitude, nous dont tu connais les faiblesses et les détresses ! Nous savons que tu peux tout sur le cœur de Dieu, et que tu es pleine de douceur maternelle et fraternelle pour nous accueillir et nous améliorer. Nous savons que tu peux toujours anticiper l'heure de la grâce et nous mettre dans une joie profonde, comme aux noces Cana.

Au 16e siècle, la prière s'arrêtait là : " *Je te salue Marie plainne de grâce, notre-seigneur est avec toy. Tu es benicte sur toutes femmes : & benict est le fruict de ton ventre Jésus. Amen. Saincte marie mere de Dieu prie pour nous pecheurs Amen.*"

Cet extrait, en vieux français se retrouve dans les Statuts synodaux du Diocèse de Toul, datés de 1515

L'Église ajouta pour nous rapprocher de ce temps-là et nous en émerveiller : " chaque jour de notre vie."

"… maintenant, et à l'heure de notre mort"

Quand nous serons seul en nous-mêmes dans l'ultime moment de la séparation de l'âme et du corps : c'est l'expérience de chacun. Chacun est seul dans cette confrontation avec le mystère de la mort ; pour le croyant, le mystère de la mort s'estompe dans la fidélité de l'amour.

Près de la croix de Jésus se tenait sa mère… Jésus, voyant sa mère, et près d'elle le disciple qu'il aimait, dit à sa mère : " *Femme, voici ton Fils.* "
Puis il dit au disciple : " *Voici ta mère.* " À partir de cette heure-là, le disciple la prit chez lui. (Jn 19, 25- 27)

Aux noces de Cana, Marie avait anticipé l'heure au cœur de Dieu pour nous tous ; maintenant, à l'heure de la croix, avec Jésus, Marie et le disciple bien-aimé, avec Marie Madeleine et toutes les autres Marie, c'est l'heure où s'ouvre sur l'infini la famille de Dieu.

Prière communautaire du Chapelet

Lors d'une rencontre dans une église du secteur de Florennes (Belgique) eut lieu cette prière communautaire du chapelet où les paroisses du secteur furent invitées à participer. Nous avons prié et médité à partir de paroles et d'écrits de sainte Bernadette Soubirous (1844-1879) D'autres rencontres eurent lieu suivant le même modèle.

Méditation des mystères du Christ glorieux

Introduction

En 1866, Bernadette Soubirous entra au couvent des Sœurs de la Charité de Nevers, et prit l'habit sous le nom de sœur Marie Bernard. Si Massabielle, l'endroit où elle vit la Vierge Marie resta toujours le lieu de son âme, dans la vie religieuse, elle poursuivit l'itinéraire enseigné par Sainte Marie, mère de Dieu.

Les notes qu'elle laissa, les textes qu'elle releva en témoignent. En récitant son chapelet à la Grotte, Bernadette apprit à fixer ses yeux sur la Vierge, avec intensité, avec ferveur. Toutes les personnes qui la virent prier même loin de la Grotte de Massabielle dirent quel sentiment de présence se dégageait de toute sa personne.

Bernadette se révèle à nous comme cet homme nouveau (Homo novus), cette personnalité de grâce, toute traversée, transfigurée de vie divine qu'est le chrétien quand il a revêtu le Christ. Elle est fille de lumière, fille de Dieu. Les pensées de Dieu sont devenues ses pensées, les voies de Dieu, sa voie.

Premier mystère - LA RÉSURRECTION

Méditation

Les femmes venues au tombeau, à l'aube du premier jour de la semaine, reçurent de l'ange la mission d'annoncer la nouvelle de la résurrection de Jésus aux disciples : *"Hâtez-vous d'aller dire aux disciples qu'il est ressuscité d'entre les morts. Il vous précède en Galilée, c'est là que vous le reverrez. Voilà ce que j'avais à vous dire."* (Mt 28,7) La vie, la lumière, en toi ont rayonné. Tu crois la première !

Ave, ave, ave Maria! Ave, ave, ave Maria! (Chanté si possible)
Le juste ne doit pas craindre la dissolution de son corps, puisqu'il doit un jour ressusciter glorieux et tout resplendissant de gloire. Faisons toutes nos actions pour plaire à notre Seigneur avec esprit de foi.

" Pourquoi Dieu nous a-t-il créés et nous conserve-t-il ? C'est pour le connaître, l'aimer, le servir et par ce moyen acquérir la vie éternelle. "
Source : Carnet des notes intimes 1873-1874
"Oh ! oui, Jésus ! Soyez seul désormais mon tout et ma vie ; je vous suivrai partout où vous irez" –
Source : Carnet des notes intimes 1874

Prions Première dizaine du chapelet

◊ **Intention de prière** Prions pour nous tous, ici rassemblés: que nous reconnaissions notre péché devant la splendeur et la beauté de la gloire du Christ ressuscité !

◊ **Chant** Chercher avec toi, Marie *(couplet 1 et refrain)*

Deuxième mystère - L'ASCENSION

Méditation

"Jésus les conduisit vers Béthanie. Élevant les mains, il les bénit. Pendant cette bénédiction il se sépara d'eux et s'éleva au ciel." (Lc 24, 50-51.) Le Christ en victoire fascine ton regard ! Royaume de gloire : chacun aura sa part.
Ave, ave, ave Maria! Ave, ave, ave Maria! (Chanté si possible)

" Que sert à l'homme de gagner tout l'univers, s'il vient à perdre son âme? Ô pensée terrible, mais profondément vraie ! Que la terre me parait peu de chose quand je considère le Ciel, s'écrie saint Ignace." -
Source ; Carnet des notes intimes 1873
"Aimez bien le Bon Dieu pendant toute votre vie, c'est le plus grand bonheur que vous puissiez avoir sur cette terre, et le seul qui nous rendra éternellement heureux au Ciel ." (Lettre 1874)

Prions Deuxième dizaine du chapelet

◊ **Intention de prière** Prions pour ceux et pour celles qui sont dans la détresse morale ou physique. Que des témoins leur apportent la vraie lumière pour qu'ils puissent se reposer en Toi Seigneur !
◊ **Chant** Chercher avec toi, Marie (couplet 2 et refrain)

Troisième mystère **LA PENTECÔTE**

Méditation

" L'amour de Dieu a été répandu dans nos cœurs par l'Esprit Saint qui nous a été donné. " (Rm5,5)
En toi la mouvance au souffle de l'Esprit, dévoile la science du cœur de Jésus Christ.
Ave, ave, ave Maria! Ave, ave, ave Maria! (Chanté si possible)

" Divin cœur de mon Jésus, donnez-moi pour partage de vous aimer toujours et toujours d'avantage ! " – Source : Carnet de notes intimes 1873
" Plus je donnerai à Jésus, plus aussi Jésus me donnera" – Source : Carnet de notes intimes 1873

Prions Troisième dizaine du chapelet

◊ **Intention de prière** Prions pour ceux et pour celles qui cherchent Dieu et pour les personnes qui les accompagnent.

◊ **Chant** Chercher avec toi, Marie (couplet 3 et refrain)

Quatrième mystère **L'ASSOMPTION DE MARIE**

Méditation

Cette fête rappelle que le corps inanimé de Marie n'a subi aucune corruption, mais aussi qu'elle a triomphé de la mort, et qu'elle a été glorifiée dans le ciel, à l'exemple de son Fils unique Jésus Christ.
" Elle monta au ciel avec son corps, elle qui était sans péché et avait porté dans son corps Jésus le Fils de Dieu." Tu es la réponse au cri des malheureux, la vie qui annonce la joie qui vient de Dieu.

" Que mon âme était heureuse, bonne Mère, quand j'avais le bonheur de vous contempler ! Que j'aime à me rappeler ces doux moments passés sous vos yeux pleins de bonté et de miséricorde pour nous ! " - Source : Carnet Reine du Ciel: 12/05/1866
" Oh ! qu'il fait bon se confier à cette bonne Mère, non jamais on ne l'invoquera en vain, jamais elle n'est sourde à la prière qui lui a été adressée par la confiance et par l'amour " – Source : lettre écrite en 1866

Prions Quatrième dizaine du chapelet

◊ **Intention de prière** Prions pour nos défunts afin qu'ils se retrouvent tous dans la lumière de Dieu et pour la vie éternelle.

◊ **Chant** Toi Notre Dame (couplet1 et refrain)

Cinquième mystère **LE COURONNEMENT DE MARIE**

Méditation

« *Lorsque le souverain Pasteur paraîtra, vous remporterez la couronne de gloire qui ne se flétrit jamais* » *(1 P 5, 4)* Marie, Souveraine, d'en bas nous te chantons : tu es notre Reine. Au Ciel, nous te verrons. Tu es la réponse au cri des malheureux, la vie qui annonce la joie qui vient de Dieu.

Ave, ave, ave Maria! Ave, ave, ave Maria ! (Chanté si possible)

"0 Marie, soyez mon refuge, assistez-moi, protégez-moi, donnez-moi de souffrir patiemment dans cette vie, afin d'espérer dans la mort et d'être couronnée dans l'éternité" – Source : prière de Bernadette, religieuse
"Voilà la vie.. des peines et des sacrifices, qui doivent nous faire voir que le bonheur n'est pas de ce monde" – source : lettre écrite en 1876

Prions → Cinquième dizaine du chapelet

◊ **Intention de prière** → Prions pour nos prêtres : qu'ils soient habités par l'amour du Père et portent le souci des présents et des absents !

◊ **Chant** → Chant: Toi Notre Dame (Couplet 2 et refrain)

Prière et spiritualité

Lors des journées de programmation du plan pastoral 2011 pour le secteur pastoral de Florennes dans le doyenné de Florennes, il m'a été demandé de constituer une banque de données utilisables par tous sur Internet. (Banque de données sur la prière et la spiritualité). En voici quelques éléments intéressants à découvrir…

La prière : Sites Internet à découvrir…

Site francophone consacré à la prière et à la méditation
Prier.be

Un répertoire de belles prières
http://www.cursillos.ca/priere/choix.htm

Textes de prière
http://www.portstnicolas.net/-Textes-de-priere-.html

Prières simples et belles
http://spiritualite-chrétienne.com

Les prières par thèmes
http://vie chrétienne.catholique.org/prières/

Apprends-nous à prier (différentes formes de prières pour les enfants)
http://prieres.org/list.php?forumid=7

Prières de louanges pour des enfants
http://www.dominicains.be/praedicatio/rubrique.php3?id_rubrique=100

Prières diverses pour les familles http://www.amouretverite.org/prieres/prieres-pour-la-famille

Section dédiée à la famille (conseils pratiques)
http://topchretien.jesus.net/topfamille/view/6292/comment-prier-pour-nos-enfants.html

Pour un éveil en famille
http://www.eveil-foi.net/Famille/Fam2.htm

Prier avec la Bible
http://www.bible-service.net/site/003.html

Évangile et liturgie - Sites Internet à découvrir

Célébrer des moments forts
http://users.skynet.be/ap.priere/celebrer.htm

Célébrer l'année liturgique
http://www.dominicains.be/praedicatio/rubrique.php3?id_rubrique=1

La liturgie de chaque dimanche http://www.cursillos.ca/formation/evangile.htm

L'Évangile au quotidien (texte, lectures et commentaires)
http://www.levangileauquotidien.org/main.php?language=FR

Le diacre et la messe
http://www.diacresnamur.net/Diaconat/Lediacre_et_la_messe_Namur.htm

Liturgie de la Parole avec des enfants
 http://www.liturgie-enfants.com/

Liturgie et catéchèse
http://www.kto.correze.net/m7.php?Id=231

Pour aller plus loin...

Catéchèse

- **Bible et enfants** → http://www.catho-bruxelles.be
- **Bible illustrée pour enfants** → http://www.m1914.org
- **Caté ouest (France)** → http://www.cate-ouest.com/
- **Découverte de l'Évangile** → http : www.catho62-bruay.cef.fr
- **Dessin de la semaine** → http://www.lapin.bleu.bleu.over-blog.com/
- **Des idées pour la catéchèse** → http://www.idees-cate.com/
- **L'évangile au quotidien** → http://levangileauquotidien.org/
- **Mon site** → http://www.diaconos.unblog.fr/
- **Mots croisés bibliques** → http://riouxlp.chez.com/
- **Office de catéchèse du Québec** → http://www.officedecatechese.qc.ca/
- **Sites de catéchèse** → http://www.choisislavie.over-blog.fr/

Liturgie

- **Assemblée dominicale sans prêtre** → http://www.ddec.nc/
- **La Bible de la liturgie** → http://www.aelf.org/
- **Liturgie de la Parole avec des enfants** → http://www.liturgie-enfants.com/
- **églises catholiques du Var** → http://www.diocese-frejus-toulon.com
- **Préparer la messe du dimanche** → http://www.dimancheprochain.org/liens/
- **Bible et liturgie** → http://www.portstnicolas.net/
- **Portail biblique francophone** → http://www.interbible.org/

Outils d'étude biblique

- **Ancien Testament** → http:/www.levangile.com/Bible-Annotee
- **Nouveau Testament** → http:/www./ba.21.free.fr/nta/nta.html

Homélies

- **Père Compazieu** (France) → http://www.puiseralasource.org/
- **Père Louis** (France) → http://www.homeliesduperelouis.over-blog.fr/
- **Mon site** → http://www.diaconos.unblog.fr/
- **Homélies de diacres** → http://www.homelies-diacres.danielbichet.fr/

Remerciements

Mes remerciements à toutes les personnes qui m'ont soutenu dans ce projet, avec une pensée particulière pour mon épouse, qui m'a conseillé si généreusement et patiemment dans le bon emploi de la langue française, Christine Houyoux et Étienne Flament son époux, Philippe Houyoux et Marianne Flament, son épouse pour leurs conseils dans la mise en page en utilisant les astuces du logiciel Word.

Toute ma gratitude aux Éditions Croix du Salut, consacrée à la diffusion d'œuvres chrétiennes, pour m'avoir offert leur collaboration. Je remercie chaleureusement madame Martine Fournier du service du lectorat pour toute l'aide apportée au formatage de mon manuscrit.

MoreBooks! publishing

Oui, je veux morebooks!

i want morebooks!

Buy your books fast and straightforward online - at one of world's fastest growing online book stores! Environmentally sound due to Print-on-Demand technologies.

Buy your books online at

www.get-morebooks.com

Achetez vos livres en ligne, vite et bien, sur l'une des librairies en ligne les plus performantes au monde!
En protégeant nos ressources et notre environnement grâce à l'impression à la demande.

La librairie en ligne pour acheter plus vite

www.morebooks.fr

VDM Verlagsservicegesellschaft mbH
Heinrich-Böcking-Str. 6-8
D - 66121 Saarbrücken

Telefon: +49 681 3720 174
Telefax: +49 681 3720 1749

info@vdm-vsg.de
www.vdm-vsg.de

www.ingramcontent.com/pod-product-compliance
Lightning Source LLC
Chambersburg PA
CBHW032005220426
43664CB00005B/151